こうすれば学校教育の成果は上がる

課題分析で見つける次の一手！

河村茂雄【著】

図書文化

まえがき

近年，県や市町の教育委員会から，教育実践の向上を目的として，管轄内の学校に在籍する児童生徒の実態分析に基づいた具体的対策への助言を求められることが多くなりました。おもな内容は，学力向上のためにはどのような取組みがあるのか，不登校の発生率を低下させる方策やいじめ問題への対応策，通常学級での特別支援教育の推進のあり方，などです。

私がかかわらせていただいたほとんどのプロジェクトで，一定以上の成果が認められていることもあり，特にここ3，4年は依頼件数が激増して，半数にも対応できない状況が続いています。

この状況には，次のような背景があることは見逃せません。

- 全国学力・学習状況調査の結果がマスコミで広く報道され，県や市町の教育委員会も敏感になっている
- 2011年に滋賀県大津市で中学生のいじめ問題が起き，その際の学校，教育委員会への批判がマスコミやインターネットで全国に伝わった。そこから保護者が警察に被害届を出すなど，いじめ問題の対応を学校や教育委員会だけには任せておけないという社会風潮が広がった。2012年の文部科学省の調査では，各県，各市町でいじめ問題が続々と報告され，2013年9月にはいじめ防止対策推進法が施行された。学校や教育委員会は，いじめ問題への対応に抜本的な改革を求められている　など

私は，1990年代後半から学級集団分析尺度Q-Uを活用した取組みを続け，多くの知見を蓄積してきました。そのデータから注目しているのは，児童生徒の学力，不登校，いじめ，特別支援教育の各問題と，①児童生徒個人の学級生活の満足感，②環境としての学級集団の状態とは，高い相関関係がある，ということです。

そこで，「親和的で規律のある学級集団の形成を通して，児童生徒個々の学級生活の満足感を高めることを，教育実践を行ううえでの必要条件として取り組み，教育実践の向上の基盤づくりをめざす」ことを目標にしてきました。すべての児童生徒を対象とした実態調査に基づいて，日々の教育実践をとらえ直し，実態に即した確実な教育実践を行っていく運動を続けてきたのです。

中心となっているスタッフは，筆者と早稲田大学大学院教育学研究科の河村茂雄研究室に所属する学生たちです。活動内容は，現場の児童生徒，学級集団の実態分析が大きな比重を占めます。そして，その知見に基づいた教職員研修やコンサルテーションを実施したり，研究会を開催したりしています。特に，詳細な実態分析は先生方の問題意識と教育課題の共有化に有効で，先生方が組織的に活動する際の拠りどころになると実感しています。

本書では，早稲田大学教育・総合科学学術院・河村茂雄研究室が，教育現場の実践の向上に寄与することを目的に，狛江市と提携して取り組んできたプロジェクトの概略を紹介します。4年前に，当時の狛江市教育委員会教育部理事兼指導室長だった松田孝先生が研究室にいらっしゃって，「狛江市の子どもたちはもっと伸びるはずなのです。協力してください」と，とても熱く語られた内容に共感したところからのスタートでした。

教育に携わっている，一人でも多くの方々に手にとっていただき，教育実践のたたき台にしていただければ幸いです。

2015年1月

早稲田大学教育・総合科学学術院教授

博士（心理学）　河村茂雄

目　次

第3章　課題分析の実際 ～東京都狛江市の取組みから

コラム

第１章
学校を元気にしたい！

「教育実践に活かせる研究，研究成果に基づく知見の発信」をモットーに

私は，公立学校の教員・教育相談員を経験し，現在は大学で教鞭を執りながら，教育に関する研究を続けています。

私の研究活動を支えている，３つの理念があります。

３つの理念

❶子どもの視点に立つ

まず，教育実践を児童生徒（学ぶ者）の視点でとらえ，教育実践をより向上させるための知見を発信していきたいと考えています。

これは，対象者中心性（Person-Centeredness）の考え方です。多種多様なサポート・メッセージの効果は，そのメッセージの対象となる受け手の心情に規定される，というものです。

児童生徒は学校生活が楽しく充実していれば，学習や活動に主体的に取り組むようになるでしょう。やらされているのではなく，自分からやるようになり，そこから主体性が育まれると考えられます。

教育者は，「○○をやった」と実践を自画自賛する前に，児童生徒の声に謙虚に耳を傾けなければならないと思います。児童生徒の学校・学級生活の満足感（Quality of School life）を保障することが，まず求められるのです。

児童生徒の満足度を定期的にアセスメントし，教育の内容や方法を常に修正していく柔軟な姿勢が教育者には求められるのです。

❷日本の教育制度に合ったやり方で

次に，学級集団を活用して教育効果を高める方法論を提案していきたいと考えています。

日本の学校教育は，「メンバーが固定された学級集団で，生活や様々な活動，授業に取り組む」という制度と，「教師が，学習面とガイダンス・生徒指導面を統合的に指導する」という制度を，併せもっています（河村，2010）。

したがって，教育実践は，学習指導とガイダンス（生徒指導）のどちらか一面ではなく，常にトータルな視点でとらえなければならないのです。学級集団の状態と児童生徒の人間関係を建設的に形成することは，学習面と生活面の両方の教育効果を高める前提条件です。

しかし，学級集団が大事だとはわかっていても，学校現場では，目標となる学級集団の状態やそれをどうやってつくっていくかが曖昧で，共有されていません。

大学の教職課程でも，教科教育と生徒指導・教育相談などの科目を，学級集団のなかでどのように統合して展開していくかを教えてはいないのです。さらに，先輩教員が若い教員に指導する風習がなくなりつつあります。

日本の学校教育に求められているのは，目標とすべき学級集団像と，それに至る学級集団づくりの方法論の確立だと思います。

❸根拠（エビデンス）に基づいた教育を推進する

そして３つ目は，実証的証拠に基づいた教育実践（Evidence-Based Educational Practice）を推進していきたいと考えています。

昨今，学校や教員は，新たな取組みをする際に保護者等からの同意を得ること（インフォームド・コンセント）や，教育実践の成果を保護者等に説明するという責任を果たすこと（アカウンタビリティ）などを求められています。これらの責任を果たすためには，第三者が納得できるような根拠，つまり実証的証拠（エビデンス）が不可欠です。

学校現場には多くの経験知があります。しかし，その有効性の根拠は実践者の報告のみ，という場合が少なくありません。また，ある地域の状況に合うやり方，ある教員が行って有効だった方法が過度に一般化されて，どこでも誰でもどのような状況でも活用できる，と伝えられていることも少なくありません。

学校現場の実践報告は，報告どおりに追試した場合に同様の結果が得られるという形式になっていないことが多く，ほとんどの場合，現場に蓄積されている知見について，地域を越えて教員同士が共有し活用し合うシステムができていないのです。

教育実践はさまざまな要因が複雑に絡まるので，指導内容と成果の関係を評価し整理することは，とてもむずかしいものです。「教育実践は一回性のドラマである」とよく言われるのもそのためです。しかし，きちんと整理しなければ，すばらしい教育実践も，一人の教員の名人芸，その学校の熱心な努力で終わってしまいます。

多くの学級経営や教育実践の取組みを，たしかな指標で測定し，そこから成果の認められたものをピックアップし，それを他の実践者が追試したところ，同様の結果が得られたという形式で提案できれば，よい実践方法を多くの教員が共有できると思います。

研究テーマ

Q-U の開発と結果分析

私は前述の❶❷❸を達成するために，Q-U（QUESTIONNAIRE-UTILITIES）（河村，1998）という心理検査を開発しました（P.41 コラム参照）。Q-U は，児童生徒たちの学級生活の満足度と学級生活の領域別の意欲・充実感を測定するものです。同時に，学級内の児童生徒の満足度の分布状態から学級集団の状態が推測でき，学級崩壊の予防・学級経営の指針に活用することができます（河村・田上，1997，河村，1999b）。

現在，Q-U は，『楽しい学校生活を送るためのアンケート』の名称で販売されています。対象別に，小学校１～３年用，小学校４～６年用，中学校用，高校用などがあります。

発行前には３万人の児童生徒を対象に事前検証を行っており，日本テストスタンダード委員会の審査基準を満たした，信頼性と妥当性が保障された教育・心理検査として標準化の認定を受けています。そのため，Q-U を使うことによって，学級の結果を全国の平均値と比較して検討することができるのです。それは，その実践の成果のエビデンスを証明できるということです。

学級経営の研究

教員が目標とすべき理想の学級集団の状態，その状態に至る学級集団づくりの方法論を提案するために，文部科学省の助成金を受け（科研助成研究），2009 年から大規模な学校現場の実態調査を行い，分析・整理しました。調査の内容は，「良好な学級集団にはどのような相互作用が働いているのか」「良好な学級集団はどのように形成されているのか（学級集団発達過程）」「教員はどのような指導行動をしているのか」などです。

その結果，理想の状態の学級集団，すなわち満足型学級集団，の学級内に生起している教育的相互作用と教員の指導行動，学級集団の発達段階が整理されました。

なかでも特に注目しているのは，学級集団づくりの方法はさまざまであっても，良好な学級集団を形成する教員たちは，学級集団づくりの展開や方法論が似ていたという点です。

アウトリーチ活動

学級集団づくりの方法論を整理する取組みと並行して，多くの学級経営や教育実践の取組みの成果を数値化して測定することに取り組んできました。基準としたのは，児童生徒の学校・学級生活の満足度，学級集団の状態，標準化された学力検査の結果，不登校の出現率などです。そこから実証的に成果が認められるものを抽出し，「状況×教師の指導行動」で整理し，有効な方法論を一般化したかたちで提案してきました。

これらの成果は，『Q-U 式学級づくり（小学校低中高学年／中学校編）』（2008～2009），『日本の学級集団と学級経営』（2010），『授業づくりのゼロ段階』（2010），『学級集団づくりのゼロ段階』（2012），『集団の発達を促す学級経営（小学校低中高学年／中学校／高等学校編）』（2012），『学級リーダー育成のゼロ段階』（2014）として公刊しました。

さらに，これらの知見をもとに，早稲田大学大学院教職研究科で「学級経営の理論」の講義をしたり，全国の教育委員会の研修会で，教員研修を行ったりしています。

問題を可視化する——課題分析——

長年にわたるQ-Uを指標とした調査のデータから，各学校の教育実践の向上に重要なのは，次の２点であることがみえてきました。

・詳細で的確な実態分析に基づいた確実な教育実践の展開
・校内の建設的で良好な教員組織による組織的取組みの展開

しかし，学校や教育委員会が，このようなやり方になじみが薄いこともわかってきました。そこで，河村研究室では，依頼のあった各地域や学校が抱える問題について詳細な調査・分析を行い，具体的な課題を解明し，今後の教育実践計画の立案を支援しています。本書では，これを「課題分析」と呼んでいます。

具体的には次のようなプロセスを踏みます。

❶問題の整理
❷実態調査
❸データの分析
❹対策の検討
❺中間調査（てこ入れ）
❻これまでの成果とこれからの指針の確認

課題分析の基本的な流れ

❶問題の整理

まず，支援の依頼を受けた県や市町の教育委員会，学校の責任者と面接し，そこの教育現場が抱える問題，取り組みたい課題を一緒に整理します。

この段階では，児童生徒の学力を向上させたい，不登校を減らしたい，いじめの発生を予防したい，特別支援教育を充実させたい，そのためには何をすればいいのかアドバイスが欲しいという，大雑把な依頼のことが多くあります。つまり，多くの場合，実態把握が詳細に行われておらず，対応の糸口が曖昧になっています。

❷実態調査

そこで，問題解決の糸口を探るため，依頼を受けた教育現場が抱える問題について，実態調査の計画を立て，学校現場で実施可能な範囲に調整してから実施します。

例えば，「児童生徒の学力を向上させたい」という学校では，どのような児童生徒の学力が低下しているのか，どのような内容(基礎的なもの，応用的なものなど)が低下しているのか，学習意欲はどうなっているのか，学習方略や学習習慣はどうなっているのか，などについて，学級集団を単位として調査します。

❸データの分析

調査したデータを分析し，問題を生起させている要因を検討します。ここが肝です。平均値や標準偏差，学年差や男女差などを明らかにする(記述統計)だけではなく，心理統計を用いて，測定値の変化が意味を有するのかどうかの判断(有意差検定)も行いながら検討します。

❹対策の検討

学級集団の状態,学習意欲など学校生活の領域ごとのモラール(意欲)の状態など，分析の結果から見出された問題に対してどのように取り組むのか，教育実践の方針を立案します。そして，そのための教職員研修をどうするのかについて，教育委員会，学校の責任者と検討し，年間計画を作成します。計画には，教職員研修の成果を検討するために，実践後の調査も必ず含めておきます。

❺中間調査（てこ入れ）

予算があれば，ポイントを絞った調査を中間時点に行います。その結果や実施状況について，教育委員会，学校の責任者らと定期的に情報交換し，計画どおりに取組みが展開されているのか確認します。中間調査ができない場合は，教職員研修会の際に確認することもあります。

❻これまでの成果とこれからの指針の確認

年度末に再度調査を実施し，実施前－実施後の変容を分析することで，年間の取組みの成果を検討します。領域ごとに細かく分析して，どのような領域でどのような児童生徒に成果が認められたのかを押さえ，それをもとに次年度の指針を立案し，新たな年間実施計画を確認します。「詳細な実態分析に基づいた確実な教育実践の展開」をするための，指針を提供していくわけです。

期待される効能

学校の PDCA サイクルの質を高める

教育現場は，調査データを元にした「詳細な実態分析」になじみが薄い現状があります。河村研究室では，その部分をサポートしていくことで，校内の教育実践に対する PDCA サイクルを確実に回転させていくことをめざしています。

Plan（計画）の段階

データを元に実態分析を詳細に行い，問題を生起させている要因を明確にして，対応の計画を立てます。教育現場はここが曖昧になっていることが多いのです。そのため対応策も一般論や抽象論になりがちで，特に対応が必要な児童生徒に対しても，どのような対応が必要なのか，的が絞れないのです。

現場の教員たちは，多種多様な仕事をもち，人数も限られています。多忙な教員たちに,「あれも,これも,すべて一生懸命やってください」「全方位,全力前進」では,逆に意欲が低下し,教育実践も停滞してしまいます。にもかかわらず,いま,そのような働きかけをしている教育委員会や管理職は少なくないのではないでしょうか。実態把握が不十分なために,課題の洗い出し,対応の方向づけ,対応すべき事柄の優先順位が示せず,総花的な指針を出してしまっている状況は本末転倒なのです。

Do(実施)の段階

ここでは,取り組むべき内容を具体的に提示します。

漫然と「すべての児童生徒がわかる授業をしよう」ではだめなのです。実態から全体の授業の構成はどうするのか,「中間層よりやや下の層の児童生徒の学習意欲を高めるために,○○のような働きかけを机間指導で行う」などと明確に提示します。ここが具体的に示されず,精神論や抽象的な目標になっていると,教員たちの意欲や取組みの内容にバラつきが出て,学校全体の成果は向上しません。

さらに,人的資源の実態を踏まえて,「○○は必ず実施する,△△は努力目標とする」など,取組みの優先順位を示すことが重要です。教員個々の意欲を喚起・維持し,学校全体のベクトルと各教員のベクトルを揃えることが,成果につながる第一歩だからです。

また,児童生徒の課題は何なのか,どのような対応が期待されるのか,有効な方法としてどのようなものがあるのかを確認し,教員間で共有化するために,教職員研修は重要です。そして,校内で取組みを推進していくためには,教員組織のシステムが不可欠です。

Check,Act(評価,改善)の段階

実践の成果を検討するために,教員の手応えや観察結果だけではなく,出席日数,テストの点,心理検査の結果などの客観的指標を用いて,実施前−実施後の変容を調べます。

教育現場はこういったかたちでの検討がむずかしく，「がんばったのだからいいはずだ」という恣意的な評価になっている場合が多いのです。しかし，的外れな対応をしていては，どんなに一生懸命取り組んでも，成果は出ません。

この段階で客観的に検討しなければ，当然のことながら，次のActionの設定も曖昧になってしまいます。そこで，どのような取組みに効果がみられたのかを明確にしたうえで，次年度にどのような取組みを継続し，どのような取組みは修正すべきなのかの判断をしていきます。

支援のゴール

河村研究室がめざす支援のゴール

課題分析に基づく支援をすることは，各校の教員組織がPDCAサイクルを回転させて教育実践をしていくことの支援につながると考えています。これまでの経験でも，研究室と学校が密に連携して３年間程度プロジェクトに取り組むと，その後は各学校独自でPDCAサイクルを展開することができるようになっています。

教育実践で成果をあげた学校は，周りから注目されます。教員たちは自信をもてますし，親和的・建設的に連携する教員組織の風土ができてきますので，地域のなかで他校のモデルになる学校が少なくありません。このような学校を増やしていくことが河村研究室の支援のゴールです。

第2章
よりよい教育のための課題分析

児童生徒の実態をとらえる

河村研究室では，教育委員会などからサポートの依頼を受けると，まず，Q-U による学級集団分析を基盤に，学習面とガイダンス（広義の生徒指導）面の両面について問題点を抽出します。さらに，教育実践でどのように対応するのかを課題化し，効果的なモデルを提案していきます。以下に，その流れを解説します。

学級集団の現在地をとらえる

相互作用に注目する

日本の学校教育は，学級という集団を単位に，児童生徒の生活や授業・活動の体験学習を統合的に展開します。したがって，学習面とガイダンス面の両方において，児童生徒は，相乗的に学級集団の状態の影響を受けるわけです。

学校教育におけるさまざまな課題，例えば学力の低下，不登校・いじめ問題の増加，通常学級での特別支援教育の推進が困難などの背景にも，良好な学級集団が形成できにくくなっている，という問題があります。

ルールとリレーションの確立度合い

そこでまず，学級集団のタイプ分析を行います。現状を押さえるのが第一歩です。

現在の状態から，集団としての教育力がより高い状態に学級を育成するうえで，ルールとリレーションの確立をどう図るか，指針を得るためです。

良好な学級集団では，対人関係に関するルール，集団活動や生活をする際のルールが児童生徒に理解され，ルールに沿った行動が定着しています。すると対人関係のトラブルが減少して，人とのかかわりに安心感が生まれ，学級内の交流が促進されます。児童生徒が自主的に活動するうえで最低限の守るべきルールがあることで，授業にも，けじめのある活発さが生まれます。

リレーションとは，互いに構えのない，ふれ合いのある本音の感情交流が行える人間関係のことです。児童生徒同士にリレーションがあると，仲間意識が生まれ，集団活動が協力的に，活発になされるようになります。授業でも児童生徒の学び合いの作用が向上し，一人一人の学習意欲が高まります。

ルールとリレーションの確立度合いから，学級集団は６つのタイプに分類することができます（P.18，P.41 参照）

①親和的なまとまりのある学級集団
②かたさのみられる学級集団
③ゆるみのみられる学級集団
④不安定な要素をもった学級集団／荒れのみられる学級集団
⑤教育環境の低下した学級集団
⑥拡散した学級集団

【学級集団をアセスメントする指標】

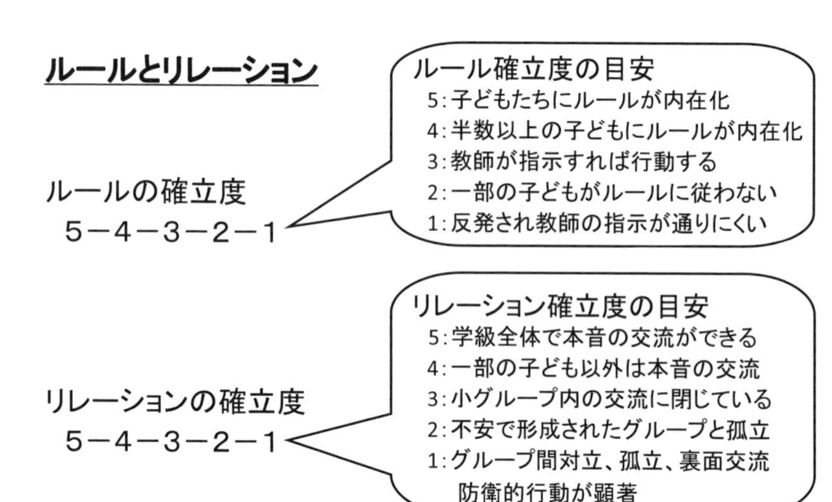

【学級集団のタイプ】

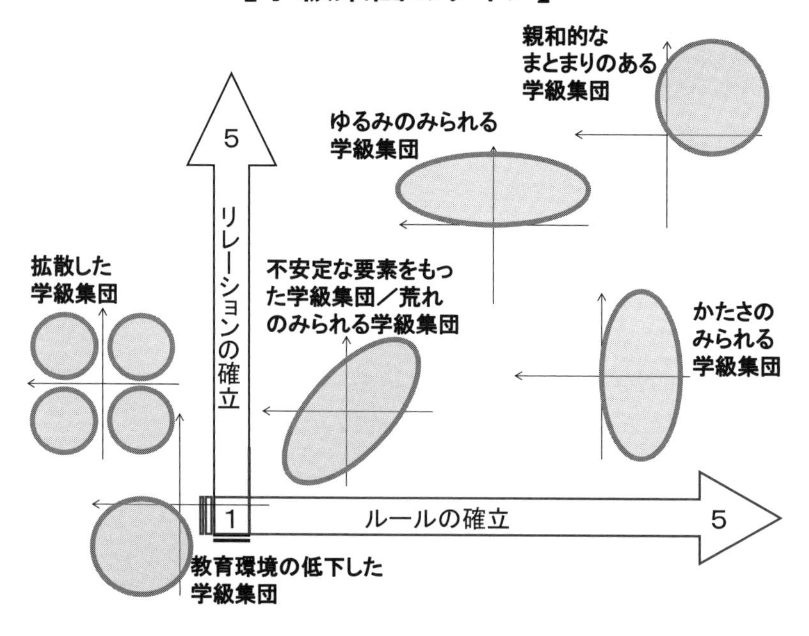

集団の発達段階

次に，学級集団の発達段階に照らして，現在の学級集団の状態がどの段階に位置しているのかを確認します。

親和的なまとまりのある学級集団に成熟するためにはどうすればいいのか，スタートからゴールの道のりを検討していくのです。

【学級集団の発達過程】

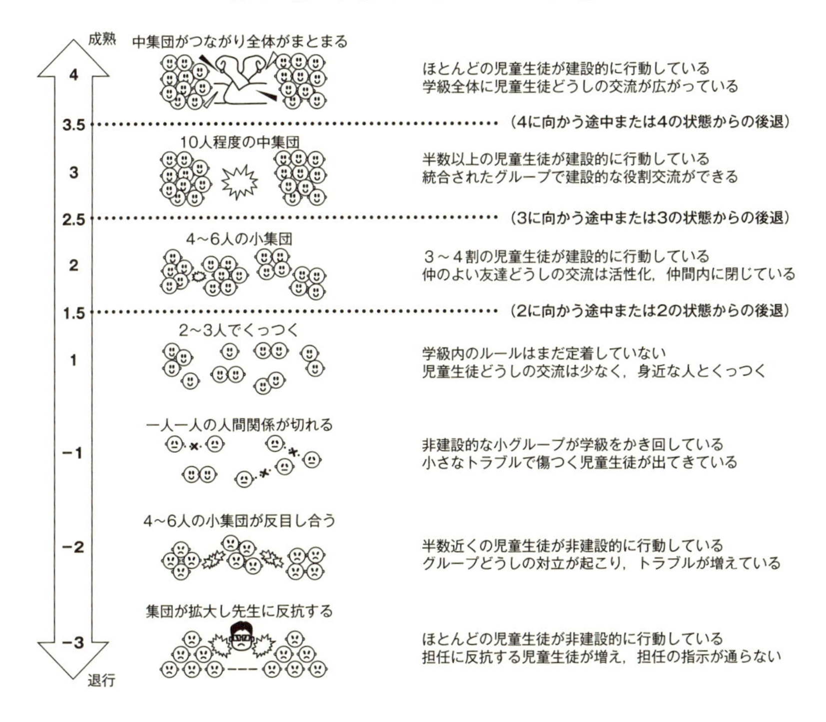

集団対応の大きな方針

以上の実態から対応策を考えます。対応策は，次の視点に沿って検討すると整理されてきます(P.20参照)。ポイントは，具体的な実践場面で，何をどのようにするのかを考えることです。これを「大きな方針」とします。

○リレーション形成／承認感を高めるには

○ルールを確立する／被侵害感を低下させるには

・学級担任の対児童生徒へのリーダーシップのとり方

・授業の進め方

・学級活動の展開の仕方（朝，帰りのホームルームも含めて）

・給食・掃除時間の展開の仕方

・時間外（休み時間・放課後）に必要な対応（個別面接・補習授業等）

・学年の連携の仕方（TT，合同授業等，学級担任の役割の明確化）

・学級担任のサポートのあり方，作戦会議の計画

・保護者への説明・協力体制のあり方

学級担任が各学級で取り組むべき領域・対応できる領域についても，大きな方針に沿ってバラつかないようにしていくことが必要です。これらの対応は同時並行させ，最低１か月は集中して取り組んでいくことが求められます。

一人一人の援助レベルをとらえる

対応のブレを少なくするために

学級経営は，個別対応と全体対応を統合的に行っていくことが肝要です。学級内の児童生徒の援助レベルに合った個別対応をしながら，同時に学級集団づくりを展開していくのです。健康増進には，栄養・睡眠・適度な運動という，人が健康を維持する要素をまんべんなく満たす必要があるのと同様です。どれか一つやれば効果がでるというものでもありません。それぞれの対応が統合的に，指針がブレずに展開されたとき，その成果が全領域に及ぶのです。

3段階の援助レベル

個別対応をするために，児童生徒を3段階の援助レベル（石隈，1999）でとらえると，対応の指針が明確になります。

○1次的援助——一斉指導に自ら参加できる児童生徒
・予防的　遂行上の困難を予測して，課題への準備を前もって援助する（一日入学等）
・開発的　学校生活を通して発達・教育課題に取り組む上で必要とする基礎的な能力の開発を援助する（対人関係のもち方，学習の取り組み方）
○2次的援助——一斉指導の中で個別配慮が必要な児童生徒
・援助ニーズの大きい児童生徒の問題状況が大きくなって，その児童生徒の成長を妨害しないように予防することを目的とする。早期発見・早期対応がポイント
○3次的援助——個別の支援が必要な児童生徒
・問題状況の改善，不利益を低下させる（不登校，いじめ，非行）

これをQ-Uの4群で考えると，次のようになります。

・学級生活満足群　➡　全体での対応（1次対応）

・侵害行為認知群
・非承認群　➡　全体のなかで個別に対応（2次対応）

・学級生活不満足群　➡　個別に特別な対応（3次対応）

共通のものさしでとらえる

組織的な対応をめざす

授業の展開や児童生徒へのかかわり方について，基本的な枠組みをそろえて取り組んだ学校で，大きな成果がみられています。

ポイントは，ルールとリレーションの確立度や，集団の発達段階について，教員たちが共通理解していることです。そして，きちんと時間をとって話し合い，教員間で合意するプロセスが踏まれていることが大事です。現状から次の段階に進むためには，児童生徒への対応，授業や活動の展開の仕方の最低限のラインをそろえることが大切なのです。

共通認識づくりはむずかしい

同じ学校の教員なら，「同じ実態を見ているのだから，同じように考えて，似たような対応をしているはずだ」と考えたら大間違いです。教員個々のとらえ方には大きな差があり，対応にはかなりの温度差が生まれてしまうものです。

大きな問題がないときは，とらえ方の差や対応の差は表面化しませんが，むずかしい局面になるとその差は明確になり，教員間に不協和音が生じる原因にもなってしまいます。

継続的な取組みが改善につながる

そこで，児童生徒の実態のとらえ方と対応目安について，P.23のような基準を学年団で話し合い，それを学年の方針とします。一人一人の教員は，その方針に沿って教育実践をしていくことが大事です。このシステムは，特別支援教育におけるユニバーサルデザインの考え方につながります。学校全体でこのシステムが実施されていれば，学年が変わり学級担任が変わっても，児童生徒が教員の対応の変化に戸惑うことは少なくなると思います。

【ルールの確立度と対応の目安】

	[児童生徒の状態]		[対応の目安]
5	内在化。教師の指示がなくても注意し合う	→	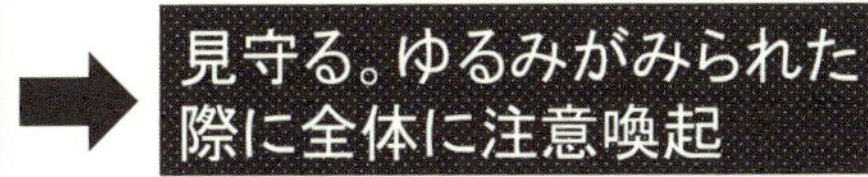 見守る。ゆるみがみられた際に全体に注意喚起
4	教師の指示が少なくてもほぼ適切に行動	→	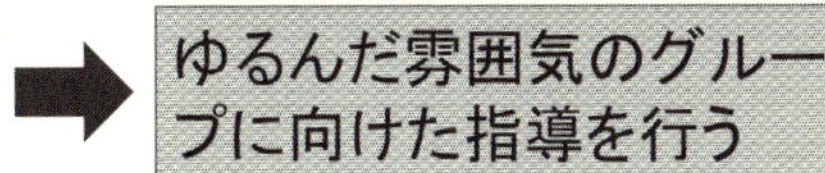 ゆるんだ雰囲気のグループに向けた指導を行う
3	教師が指示すれば行動する	→	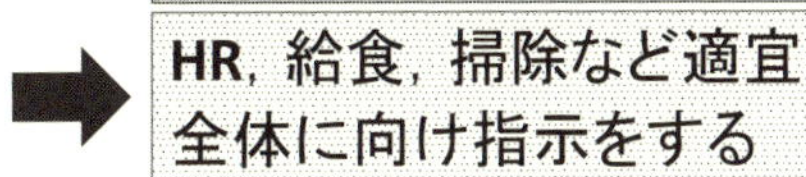 HR，給食，掃除など適宜全体に向け指示をする
2	教師の指示に従うが時間がかかる	→	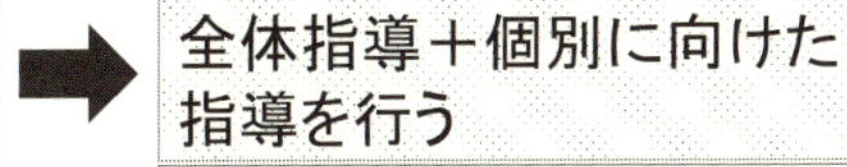 全体指導＋個別に向けた指導を行う
1	反発され教師の指示が通りにくい	→	個別に向けた指導を重視した対応を行う

河村茂雄「Q-U事例検討会・学級づくりアセスメント・対応策シート」より

【リレーションの確立度と対応の目安】

	[児童生徒の状態]		[対応の目安]
5	親和的。全体で本音の交流ができる	 →	子ども主体で考えたグループで活動させられる
4	多くが誰とでも交流できる	 →	不適応感の高い子どもに配慮したグルーピング
3	小グループ内でそれぞれ仲がよい	→	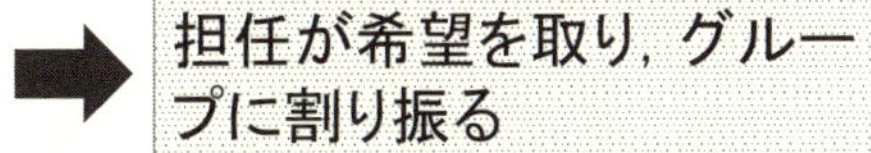 担任が希望を取り，グループに割り振る
2	不安で形成された小グループと孤立	→	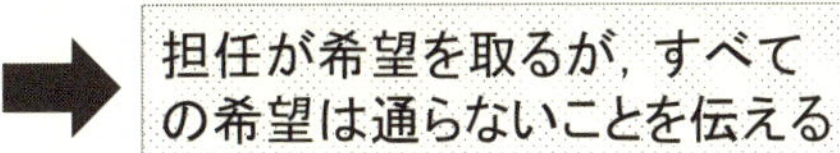 担任が希望を取るが，すべての希望は通らないことを伝える
1	グループ間対立・孤立・裏面交流	→	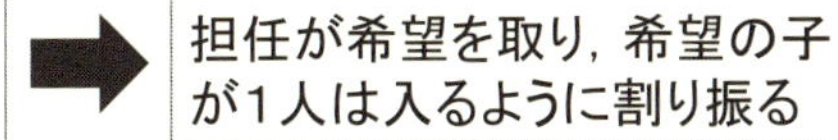 担任が希望を取り，希望の子が１人は入るように割り振る

河村茂雄「Q-U事例検討会・学級づくりアセスメント・対応策シート」より

共通のものさしで取り組むことの効果

次のグラフは，このような考え方を全校で共有して，２年間，学級集団づくりに取り組んだ地域(小学校６校，中学校４校)の変容例です。親和的なまとまりのある学級集団の出現率が増え，徐々に広がっていっているのがわかります。

【学級タイプの出現率の変化】

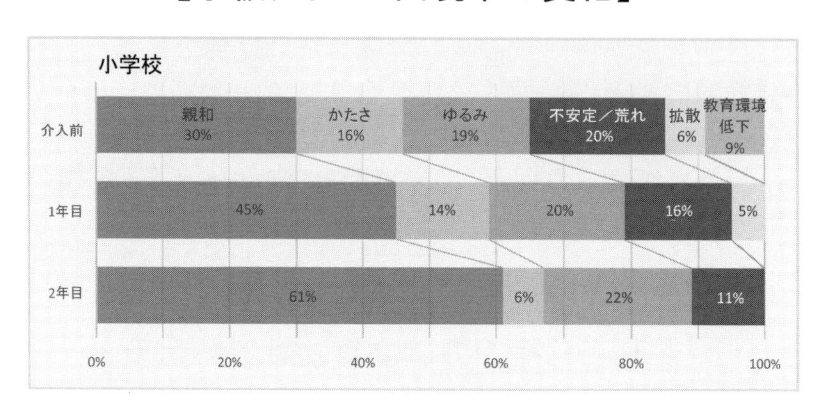

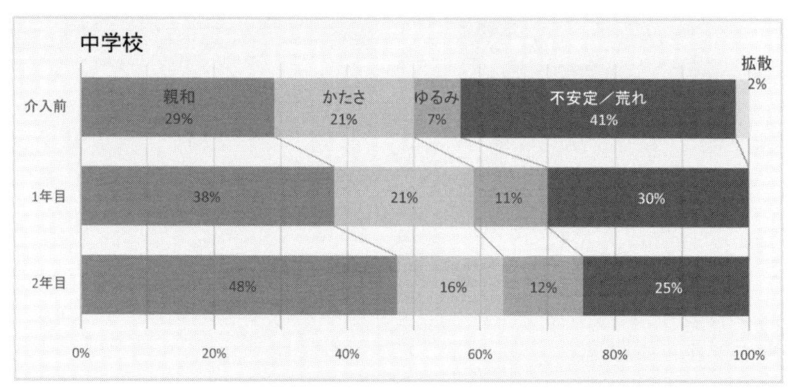

学習面の課題をとらえる

昨今，自治体などで一斉学力テストを行い，集団ごとの「平均」を比較することが広く行われています。しかし，平均点を比べるだけで，どの学校の児童生徒の学力が伸びているのかを知ることはできません。なぜなら，それぞれの学校で，前提となる児童生徒の状況が違うからです。

初めから児童生徒の学力が高い学校が評価されるいっぽう，低いところから学力を伸ばした学校が評価されない現在の仕組みは，不公平なものだと思います。

そこで，学力についての分析では，「学力の定着度」という側面を重視しています。学習の前提となる基礎能力を実際の学力と比較して，本人がより力を発揮して学習成果を上げている場合（オーバーアチーバー），本人が力を発揮できずに学習成果が低くとどまっている場合（アンダーアチーバー），どちらでもない場合（バランスアチーバー）という視点で評価します。

もし，アンダーアチーバーに陥っている児童生徒がいるならば，その学校には次の５点の問題が生じていると考えられます。これらについて対策を考えていくのです。

①学級集団が授業に適した環境になっていない
②学習意欲が低下している児童生徒がいる
③学習する方法がわからない児童生徒がいる
④学習習慣が定着していない児童生徒がいる
⑤授業についていけない児童生徒がいる
　※①は環境の要因，②～⑤は個人の要因

学習を阻害している要因をとらえる

学級集団が荒れると授業の質が低下する

まず，いちばん大きな問題となるのは，「学級集団が授業に適した環境になっていない」ことです。この問題を抱えてしまっては，どんなにいい教材を用意しても，発問の工夫をしても効果はあがりません。このような学級は，教員組織でどう対応するかを考えたり，個別学習主体の授業展開をしていくことが求められます。

河村研究室では，「学習は個人的な側面が大きいが，授業は集団で行う活動である」と考えます。集団活動が個人の学習にプラスの刺激を与えることは，授業の必要条件なのです。

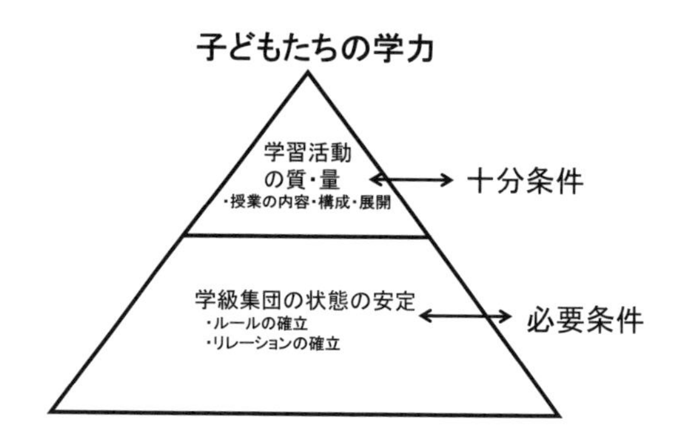

学級集団の状態は学習の質を左右する

学級が荒れているわけではないけれど，児童生徒が学習に集中できないという学級も少なくありません。児童生徒の学習意欲を色分けして，Q-U の結果に重ね合わせる(P.27 参照)と，次のような結果がみえてきます。

例えば，集団の状態が良好な学級では，学習意欲の高い児童生徒の多くが満足群にいて，学級をリードしています。いっぽう，学習意欲の低い児童生徒の多くが満足群にいて，学級をリードしている

【Q-Uの見方：学習意欲と学級状態】

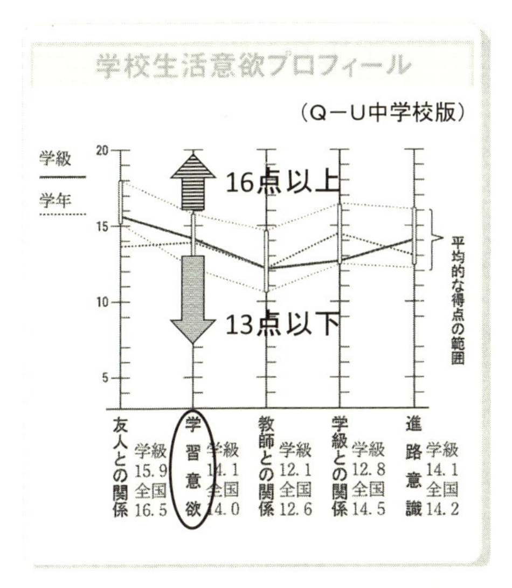

中学校の場合

①学習意欲16点以上の生徒をピンクでチェック（下図では○）

②学習意欲が13点以下の生徒を青でチェック（下図では△）

③3段階に分類したら，学級のプロットと意欲総合得点の分布にチェックを入れる。

＜学級のプロット＞　＜意欲総合得点＞

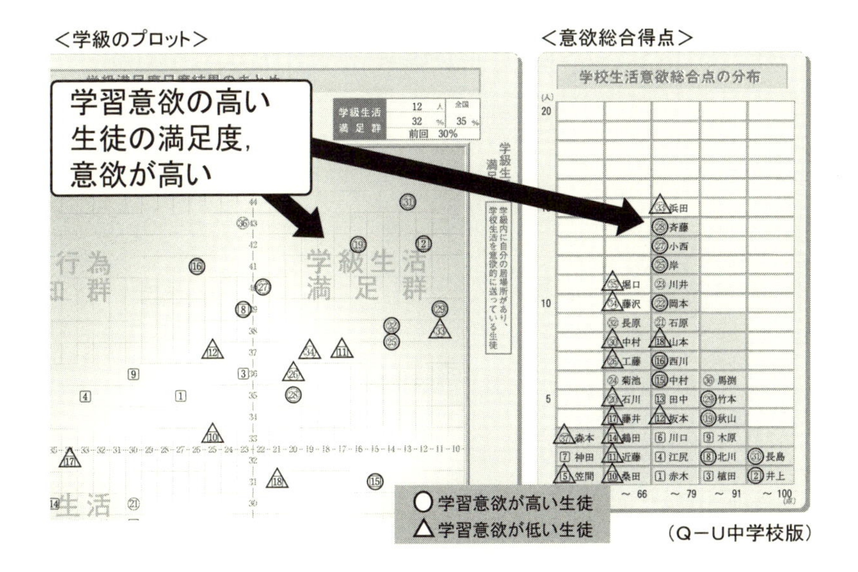

（Q－U中学校版）

という学級もあります。学習環境として建設的な状況が形成されていないことが想定され，学習意欲の高い児童生徒は承認感が低くなります。このような学級では，授業でも児童生徒の建設的な交流や学び合い，高め合いの相互作用が起こらず，学習に集中できないので，学級集団の体質改善がまず求められます。授業規律を学級のルールの確立と重ね合わせて確立していくことが必要です。

「学習規律」が確立しているとは，児童生徒の学習意欲が高まり，能動的に学習のルールを守って主体的に学習行動を起こしている状態です。単に，児童生徒が教員の指示を素直に聞き，授業中静かにしていることではないのです。

個別対応は計画的に行う

授業では，どの児童生徒に個別対応や重点的な机間指導が必要かをつかんでおくことも必要になります。このことを押さえているのと，いないのでは，授業の構成と展開に大きな違いが出てきます(詳細は，拙著『授業スキル』を参照)。

2次対応と3次対応が必要な児童生徒を把握するには，下図のよ

【Q−Uの見方：学習面の個別対応】

Q-U中学校版の場合

・項目5が1、2の生徒
　→学習習慣が定着していない可能性がある

・項目6が1、2の生徒
　→学習面での成功体験が少ない可能性がある

・項目7が1、2の生徒
　→授業内容がわからない可能性がある

・項目8が1、2の生徒
　→学習方略がわからない可能性がある

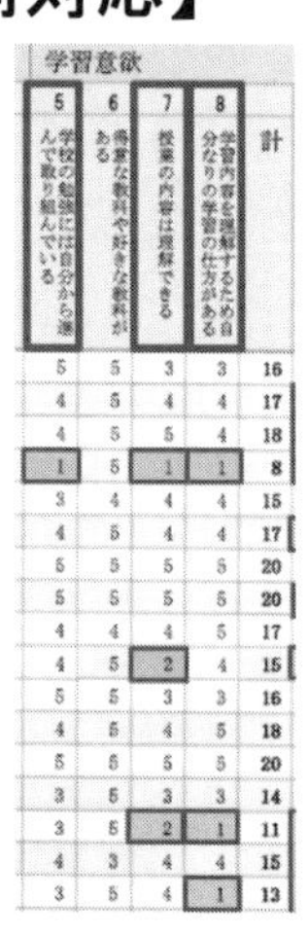

学習意欲				
5 学校の勉強には自分から進んで取り組んでいる	6 得意な教科や好きな教科がある	7 授業の内容は理解できる	8 学習内容を理解するため自分なりの学習の仕方がある	計
5	5	3	3	16
4	5	4	4	17
4	5	5	4	18
1	5	1	1	8
3	4	4	4	15
4	5	4	4	17
5	5	5	5	20
5	5	5	5	20
4	4	4	5	17
4	5	2	4	15
5	5	3	3	16
4	5	4	5	18
5	5	5	5	20
3	5	3	3	14
3	5	2	1	11
4	3	4	4	15
3	5	4	1	13

うにQ-Uの学習意欲に関する項目を1つずつチェックしていきます。個別対応が必要な児童生徒が洗い出せたら，授業のなかで次のような対応を行います。

このように，個別対応を含めて授業をどのように進めていくのか，計画して実行することが求められます。

・「学習する方法がわからない児童生徒がいる」学級集団

工夫してノートをとっている児童生徒のやり方をみんなに紹介したり，オーソドックスな勉強方法を教員が紹介したりする。定期的にノートを点検し，個別サポートする。

・「学習習慣が定着していない児童生徒がいる」学級集団

朝自習も個別に対応し，何をどのようにやるのかを点検する。さらに，家庭学習は日程表を作成させ，各自がどの時間に何をやるのかを定期的に確認する場を設定する。

部活動で夜勉強する気が起こらない場合は，同じタイプの児童生徒同士をグループにして，ではどの時間に勉強をすればいいのかなど，互いの勉強の工夫を話し合わせる。

・「授業についていけない児童生徒がいる」学級集団

個別に面接して，どこまではわかっているのか，レディネスを確認して，個別対応をどう進めていくのかを計画，実行していく。一斉授業のなかに個別学習タイムを設けて，個に合った学習時間を設定するなど工夫する。

学習意欲が低下している児童生徒をとらえる

見過ごされがちな問題に切り込む

児童生徒の学習意欲について，意外にも教員は漠然としかつかんでいないことが多いようです。また，児童生徒個人の問題だと考えて，あまり対応しないという例も，残念ながら少なくありません。

そこで，学力テストの結果とQ-Uの結果をクロス集計することで，学級意欲についても，各学級の問題をあぶりだしていきます。

なぜ学習成果が低いのか（A小学校の場合）

A小学校は，児童の学力が総じて高い学校です。標準学力検査NRTを実施したところ，学力偏差値が50以上の児童の出現率が70％（全国平均52.2％），また，学力偏差値が35未満で個別対応が必要な児童の出現率は2.6％（全国平均7.2％）でした。

しかしA小学校は，全国学力テストでは平均的な成果しかあげていませんでした。なぜでしょう。

学力偏差値が50以上の児童のQ-Uの結果を調べてみると，そのうち学級生活満足群にいる児童は半分強で，残りの半分近い児童は学級生活にあまり満足感をもっていませんでした。

右の中央のグラフでA1，A2，A3の群の児童は，すべて学力偏差値50以上の児童です。A1群の児童に比べて，A2群，A3群の児童の学習意欲の低さに注目してください。A2群，A3群の児童は授業がおもしろくないと感じているのだと思われます。2回目（12月）の調査では，学習意欲がさらに下がっていることがわかります。さらに，学力偏差値ごとのグラフを見ると，能力の高い児童が力を発揮できていないことが一目瞭然です。

つまり，A小学校は，学力向上をめざして授業改善に取り組んでいるものの，授業が相対的に学力の低い児童に焦点をあてたものになっているか，基礎的なドリル学習の比重が高くなっている可能性が想定されます。相対的に学力の高い児童たちにとって興味がもてる内容，意欲的に参加したい授業を展開できるかが，この学校の課題だと考えられます。

【学習面の課題分析の例・A小学校】

Q-U×NRT クロス集計でみる児童の状況

		Q-U		
		学級生活不満足群 三次支援	非承認群と 侵害行為認知群 二次支援	学級生活満足群 一次支援
NRT	偏差値50以上 一次支援	A3 9.6%	A2 20.6%	A1 39.8%
	偏差値35～49 二次支援	B3 6.0%	B2 9.9%	B1 11.3%
	偏差値34以下 三次支援	C3 0.3%	C2 1.1%	C1 1.4%

学力偏差値の高い以上の児童が全国平均より多い

A3＋A2＋A1
A小学校 70%
（全国平均 52.2%）

B3＋B2＋B1
A小学校 27.2%
（全国平均 40.7%）

C3＋C2＋C1
A小学校 2.8%
（全国平均 7.2%）

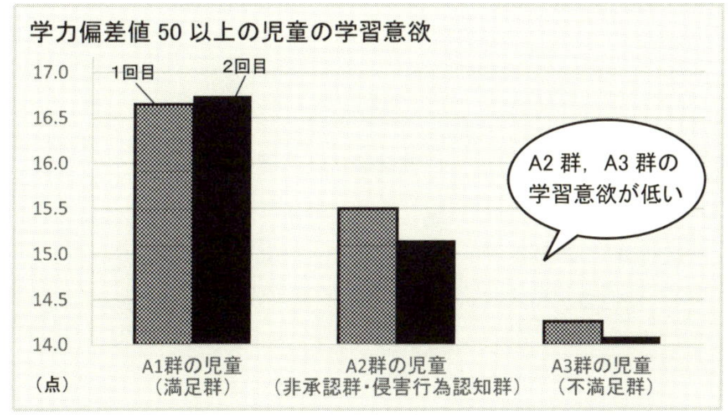

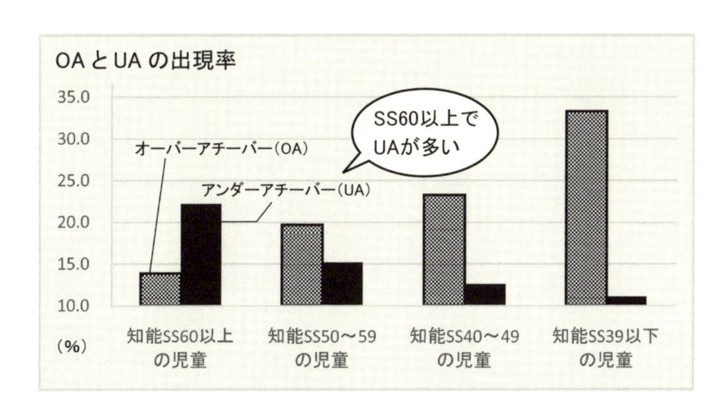

なぜ学習成果が高いのか（B 小学校の場合）

B 小学校は，全国学力テストで A 小学校よりも高い成果をあげています。標準学力検査 NRT の偏差値が 50 以上の児童は 55.5％と全国平均並みですが，そのうちの約 8 割が Q-U の満足群です。学力の低い児童たちにも同様の傾向が認められます。これは，一斉指導時，この層の児童たちへの個別対応が徹底しているからだと思われます。つまり，B 小学校では授業に意欲的に参加している児童が多く，学び合いや高め合いが生まれていることが想定されます。

【学習面の課題分析の例・B小学校】

Q-U×NRT クロス集計でみる児童の状況

		Q-U		
		学級生活不満足群 三次支援	非承認群と侵害行為認知群 二次支援	学級生活満足群 一次支援
NRT	偏差値50以上 一次支援	A3 4.7%	A2 8.4%	A1 42.4%
	偏差値35～49 二次支援	B3 3.0%	B2 5.5%	B1 29.5%
	偏差値34以下 三次支援	C3 0.7%	C2 1.9%	C1 3.9%

学力偏差値は全国平均並み

A3＋A2＋A1
B小学校 55.5%
（全国平均 52.2%）

B3＋B2＋B1
B小学校 38.0%
（全国平均 40.7%）

C3＋C2＋C1
B小学校 6.5%
（全国平均 7.2%）

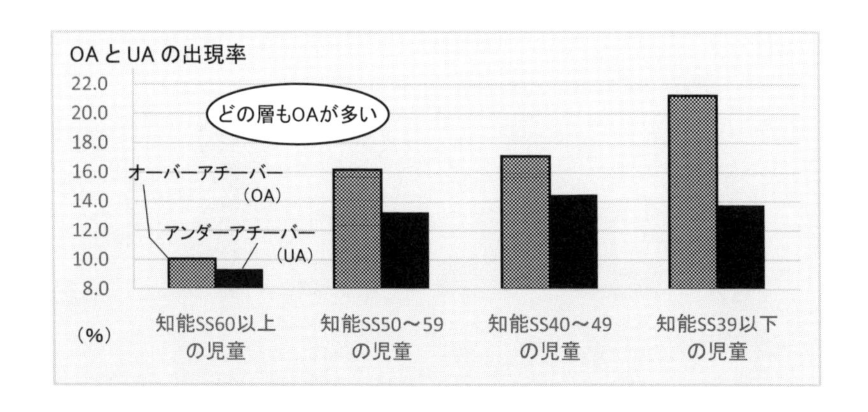

このことは，左下の学力偏差値ごとのグラフからも裏づけされます。すべての層でオーバーアチーバーの児童が多く，アンダーアチーバーの児童が少ないのです。

生徒指導・ガイダンス面の課題をとらえる

生徒指導・ガイダンス面においても，児童生徒の援助レベルを明確にして，各レベルの児童生徒に何を，どのように支援していくのか，対応を考えていくことは同じです。河村研究室は，その具体策を先生方と一緒に考え，実行してもらっています。いうなれば，当たり前のことを確実に行うために，曖昧な点を明確にしながら，対応計画を立てているのです。

さらに強調したいのは，この検討会には全校ぐるみで取り組んでほしいということです。一つ一つの学級の問題について，校内組織の教員たちで理解し対応策を考えていくことで，教員間の連携が強化され，学校全体の教育力の向上につながっていくと思うからです。

反対に，最もだめなのは，Q-U などの調査結果を，「学級担任各自で対応してください」と丸投げにすることです。取組みの温度差が生じて，それが教員間の連携を阻害し，結果として学校全体の教育力の低下につながるのです。

連携を強化するポイント

援助レベルと必要な対応を明確にする

P.21 で述べた３段階の援助レベルを基に対応を考えていきます。

３次対応は，すでに問題行動が出現している児童生徒への個別対応が中心で，その多くが緊急性の高い問題です。該当する児童生徒に対して，誰がどのように対応するか，校内の組織体制で計画を立てます。少なくとも不満足群については，児童生徒の名前と顔を，その学年のすべての教員が記憶し，一貫性のある支援をすることが必要です。

2次対応は，問題行動が出現する可能性の高い児童生徒に対して，全体指導のなかでの個別対応が中心となります。問題行動の出現を予防するために，早期発見・早期対応が大切です。時間と余裕があればやるのではなく，全体指導のなかに個別対応をどう位置づけて確実に展開するのかを考えるのです。非承認群の児童生徒には，励ましの言葉がけが欠かせません。侵害行為認知群の児童生徒には，グループ活動でのメンバー構成の配慮，グループ活動をそばで見守る机間指導，個別の話し合いが欠かせません。

1次対応は，一斉指導に参加している児童生徒への開発的な対応です。まさに学級経営・学級集団づくりです。全体の学習規律の確立や授業展開のあり方，人間関係の育成などを能動的に計画して実行していきます。

次に，生徒指導のおもな領域についてポイントを説明します。

1．いじめの問題

課題発見のポイント

Q-Uにはいじめ被害の可能性を示唆する質問項目があります。「からかわれる」「無視される」「冷やかされる」「悪ふざけをうける」などを問う項目です。これらの質問項目に対して，「ときどきある」「よくある」と回答した児童生徒を抽出します。このいじめ問題対応の作業は，生徒指導部などの校内組織が主導していきます。

対応の方針

＜3次対応＞不満足群と侵害行為認知群に位置し，かつ前述のいじめ問題対応の手続きで抽出された児童生徒には，学級担任などが個別面接を実施します。その結果を校内組織に報告し，今後の対応を計画し実行していきます。

＜2次対応＞不満足群と侵害行為認知群以外で，いじめ問題対応の手続きで抽出された児童生徒には，必ず確認の声がけをして目配りしていきます。深刻ないじめが見つかった場合には，校内組織に報告し，今後の対応を計画し実行していきます。それ以外は，学年団で状況を報告し合い，学年団で個別対応していきます。

＜1次対応＞いじめ問題予防の第一歩は，学級集団の体質改善です。親和的なまとまりのある学級集団を形成していくことが，効果的ないじめ予防になるのです。各学級で，項目ごとに，いじめ問題対応の手続きで抽出された児童生徒の割合を算出します。「からかわれる」などの項目が20％以上になる学級では，その対応策を学級経営に位置づけて，実行していきます。特に親和的なまとまりのある学級集団以外で，特定の項目が40％以上になった場合には，校内組織に報告し，今後の対応を計画し実行していきます。それ以外は，学年団で状況を報告し合い，学年対応をしていきます。

2．不登校・不適応の問題

課題発見のポイント

まず，児童生徒の1年間の欠席日数を調査し，平均的な欠席日数を算出します。年間3～4日になることが多いです。

次に，「新たな不登校の児童生徒は生まない」を合言葉に，親和的なまとまりのある学級集団を形成することを基盤にした予防・開発的な対応を実施していきます。

対応の方針

＜3次対応＞欠席日数が年間30日を越える児童生徒に対しては，校内組織で今後の対応を計画し実行します。スクールカウンセラー，市町の適応指導教室との連携も含めて考えます。

＜2次対応＞不登校に至る可能性の高い児童生徒の早期発見・早期対応のため，欠席日数が年間5～29日の者を抽出して，配慮すべきポイントを個人カルテに整理します。個別配慮すべき点は，Q-Uのデータを用いて明確にします。

・4群のカテゴリーと，学校意欲尺度で低下している領域を個人カルテに記す（右ページ上図参照）
・児童生徒の回答から，ヘルプサインチェックをして結果を個人カルテに記す（右ページ下図参照）
・保健室の利用頻度，遅刻・早退の頻度，休み時間に1人でいる，元気がない，不機嫌になったり怒りの表出が多い等についての，観察情報を記す
・不満足群と侵害行為認知群に位置する児童生徒の情報は，校内組織に報告し，今後の対応を計画し実行していく。不満足群と侵害行為認知群以外に位置する児童生徒の情報は，学年団で状況を報告し合い，学年団で個別対応していく

＜1次対応＞不登校発生要因を軽減するために，開発的対応として，次の3点を徹底します。

・学級内のストレスを低下させ，学級集団を快適な場にする
・ソーシャルサポートを充実させる。教員と各児童生徒との親和的な関係の構築。ＳＯＳの出し方を確認しておく

・児童生徒同士が良好にかかわれるように，ソーシャルスキルを計画的に学習させる。学級担任は各学級の方針について学級経営案を作成して校内組織に提出し，具体的に今後どう対応していくかを学年団で検討して実施していく（拙著『学級ソーシャルスキル』参照）

【Q-Uの見方：適応感の把握】

●「やる気のあるクラスにするためのアンケート」

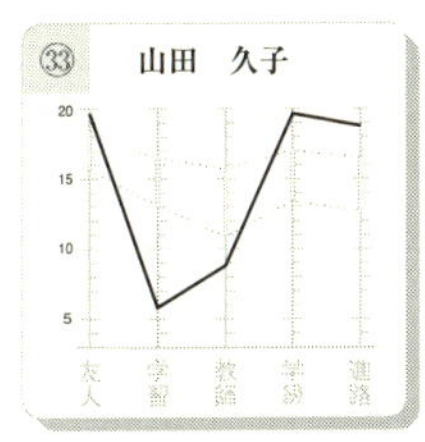

（Q-U中学校版）

特定の領域の得点が低い場合，低い領域の部分が生徒の弱みになっている可能性がある

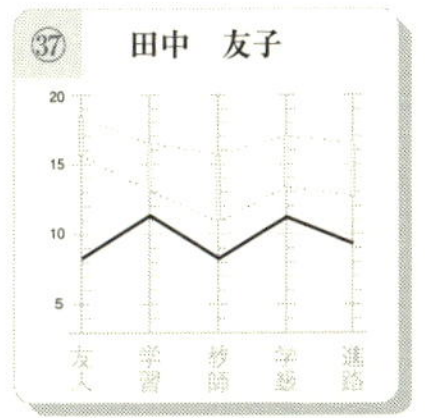

（Q-U中学校版）

全体的に領域の得点が低い場合，高い領域の部分が，その生徒の強みになる可能性がある

【Q-Uの見方：ヘルプサインチェック】

「いごこちのよいクラスにするためのアンケート」で，

●**1～10**の項目に，**1点または2点**をつけている生徒をチェック！

●**11～20**の項目に，**5点または4点**をつけている生徒をチェック！

（Q-U中学校版）

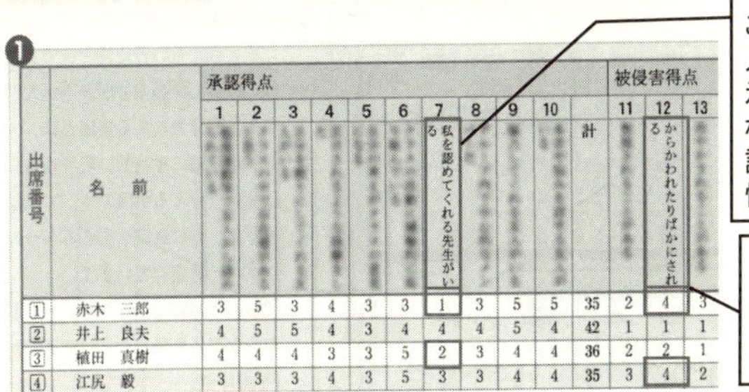

出席番号	名前	承認得点 1	2	3	4	5	6	7 私を認めてくれる先生がいる	8	9	10	計	被侵害得点 11	12 からかわれたりばかにされる	13
1	赤木　三郎	3	5	3	4	3	3	1	3	5	5	35	2	4	3
2	井上　良夫	4	5	5	4	3	4	4	4	5	4	42	1	1	1
3	植田　真樹	4	4	4	3	3	5	2	3	4	4	36	2	2	1
4	江尻　毅	3	3	3	4	3	5	3	3	4	4	35	3	4	2

この項目にチェックが入る生徒は，教師から承認を受ける機会が少ない，または承認を承認と感じ取りにくい可能性がある

この項目にチェックが入る生徒は，いじめ被害を受けている可能性がある

3．特別支援・個別支援の必要な児童生徒の問題

課題発見のポイント

個別支援が必要な児童生徒は次のような問題を抱え，学校生活で不都合が生じていたり，不適応行動をとっています。

・いままでの生育歴のなかでその能力が十分に育成されていない
・情緒的な問題を抱え，行動できない
・家庭の問題などの物理的問題を抱え不具合が生まれている
・トラブルに遭遇し，一時的に情緒が不安定になっている
・器質的な問題を抱え，うまく行動できない(特別支援の必要な児童生徒)

個別支援の必要な児童生徒への対応は，基本的に不登校・不適応問題に含めて考えていくとよいと思います。しかし，特に「器質的な問題を抱え，うまく行動できない」という児童生徒の場合には，それに応じた専門的な対応が求められます。

発達障害に関する専門的な支援については本書では割愛しますが，支援ニーズの大きな児童生徒を含む１次対応，学級経営にはむずかしい面があるので，必ず校内組織で対応します。詳細については，拙著『ここがポイント！学級担任の特別支援教育』を参照していただけると幸いです。

全国のQ-Uの結果からみても，通常学級における特別支援の必要な児童生徒の満足感は低く，不適応という二次障害が発生するリスクが高くなっています。特別支援教育の理念が，学校現場では教育実践として消化されていないのが現状だと思います。

対応の方針

学級経営の具体的な展開として，次の対応は必要条件です。

・学級内のすべての児童生徒に個別支援の必要性を理解させる
・教室環境，活動の展開の仕方に一貫性をもたせる。板書や提示の工夫，発問や指示での配慮など，全体指導のなかに個別支援の要素をプラスに位置づける
・特定の児童生徒が個別支援を受けている間に，他の児童生徒は全体指導の枠組みのなかで自主的に活動できるような集団を育成する。授業のなかに個別支援タイムなどを設定する

そして次の点を徹底することが必要です。

・校内組織体制で取り組む。学級担任１人で対応する範囲と，校内支援体制のなかで対応すべき範囲を明確にし，組織で対応することを基本とする。学級担任は各学級の方針について，学級経営案を作成して校内組織に提出し，具体的に今後どう対応していくかを学年団で検討して実施していく

他の教員や外部の支援者と連携して取り組まなければ対応しきれない状況も少なくありません。したがって，児童生徒の援助ニーズとレベルは，全教員で共通理解しておく必要があります。そのための共通の基準として，Q-U を活用していくわけです。

以上は，調査してきた多くの学校のデータから導き出された，平均的な指針です。学級担任の力量，各学校の事情によって，実際には柔軟に設定していくことが求められます。ただし，いずれの場合も学級担任に丸投げ状態になるのは避けなければなりません。

なぜ，きめ細やかな課題分析が求められているか

きめ細やかな分析で課題を具体的に把握することは，教員たちが問題意識を共有し，組織的に取り組むことを可能にします。逆に，実態分析が大雑把で，対策に一般論やスローガンを掲げ，校内の教員たちがバラバラに取り組んでいるところは，がんばっていても結果がいまひとつということになってしまいます。

多くの教育委員会や学校をサポートさせてもらっていて感じるのは，結局，結果を出しているのは，①実態分析を細かくやり，的確な対策を絞り，②システムを構築して教員組織で取り組んでいる，ところだということです。

校内の教員の問題意識がバラつくのは，現状と目標の認識があいまいで，人によって捉え方が異なるからです。現状を高く，目標を低く認識すれば，問題意識が少なくなるのは当然です。したがって，教員の足並みを揃えるためには，はじめに「現状」と「目標」をはっきりとさせ，それを全員で確認することが大切です。Q-U は，その拠り所となるデータ（数値）を提供してくれるのです。

【現状と目標に対する認識のバラつき】

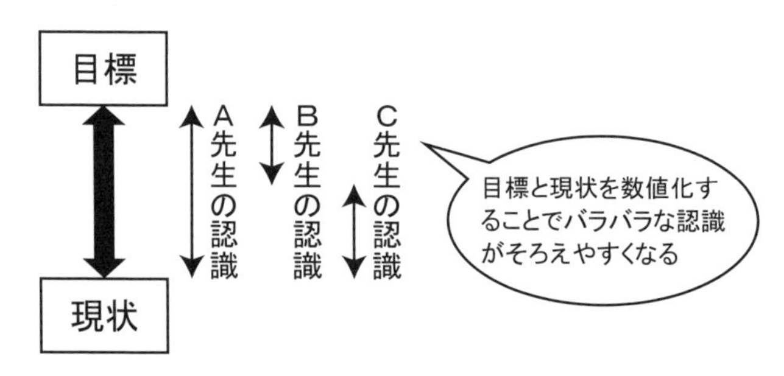

コラム

Q-Uとは

Q-Uの概要

Q-U は，児童生徒の学校生活・学級生活の満足感を調べる質問紙で，標準化された心理検査です。

教員が，面接や観察で得た情報を客観的に補うアセスメント方法として，全国の教育現場で，よりよい教育実践のために広く活用されています。

Q-U は，児童生徒の満足感を多面的に調べるために，「学級満足度尺度」と「学校生活意欲尺度」という２つの尺度で構成されています。Q-U に「ソーシャルスキル尺度」が加わったものが hyper-QU です。本稿では，学級満足度尺度を中心に紹介します。

「学級満足度尺度」をみる視点

学級満足度尺度では，「児童生徒個人の学級生活満足度」「学級集団の状態」「学級集団と個人との関係」を同時に把握することができます。

児童生徒が所属する学級集団をいごこちがよいと感じるのは，（1）トラブルやいじめなどの不安がなくリラックスできている，（2）自分が級友から受け入れられ，考え方や感情が大切にされている，と感じられる，という２つの側面が満たされたときです。

本尺度は，この２つの視点をもとに，児童生徒の満足感を測定します。（1）を得点化したものが「被侵害得点」，（2）を得点化したものが「承認得点」です。これらを座標軸にして，児童生徒が４群のどこにプロットされているかをみるのが一般的です。

①学級生活満足群

「被侵害得点」が低く,「承認得点」が高い状態です。この群にプロットされる児童生徒は，学級に自分の居場所があると感じており，学級での生活や活動を意欲的に送っていると考えられます。

承認得点
高
侵害行為認知群
学級生活満足群
被侵害得点
高
低
学級生活不満足群
非承認群
低

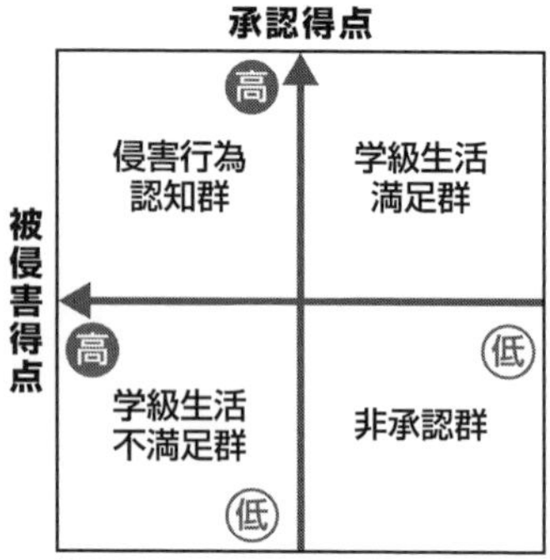

学級満足度尺度のプロット図

②非承認群

「被侵害得点」と「承認得点」が共に低い状態です。この群にプロットされる児童生徒は，学級に関する強い不安を感じている可能性は低いですが，級友に認められることが少ないと感じていると考えられます。学級での生活や活動への意欲の低下がみられることも少なくありません。

③侵害行為認知群

「被侵害得点」と「承認得点」が共に高い状態です。この群にプロットされる児童生徒は，学級での生活や活動に意欲的に取り組んでいると思われますが，自己中心的に進めてしまい級友とのトラブルが生じていることがあります。また，深刻ないじめを受けていることも考えられます。

④学級生活不満足群

「被侵害得点」が高く,「承認得点」が低い状態です。この群にプロットされる児童生徒は，学級に自分の居場所があるとは感じられず，学級で生活や活動することに関して，不安や緊張をもちやすい状態にあると考えられます。耐え難いいじめや悪ふざけを受けている可能性があります。

学級満足度尺度の個人結果を，１枚の図にまとめることで，学級集団の状態がみえてきます。

親和的なまとまりのある学級集団（満足型）

Q-U

侵害行為認知群	学級生活満足群
学級生活不満足群	非承認群

ルール高
×
リレーション高

ルールとリレーションが同時に確立している状態

学級にルールが内在化していて，そのなかで，児童生徒は主体的に生き生きと活動しています。児童生徒同士のかかわり合いや発言が積極的になされています。

かたさのみられる学級集団（管理型）

Q-U

ルール高
×
リレーション低

リレーションの確立がやや低い状態

一見，静かで落ち着いた学級にみえますが，意欲の個人差が大きく，人間関係が希薄になっています。児童生徒同士で承認感にばらつきがあります。

ゆるみのみられる学級集団（なれあい型）

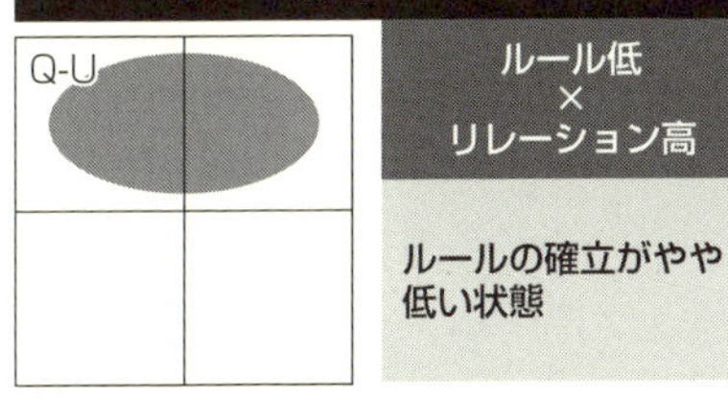

一見，自由にのびのびとした雰囲気にみえますが，学級のルールが低下していて，授業中の私語や，児童生徒同士の小さな衝突がみられ始めています。

不安定な要素をもった／荒れのみられる学級集団

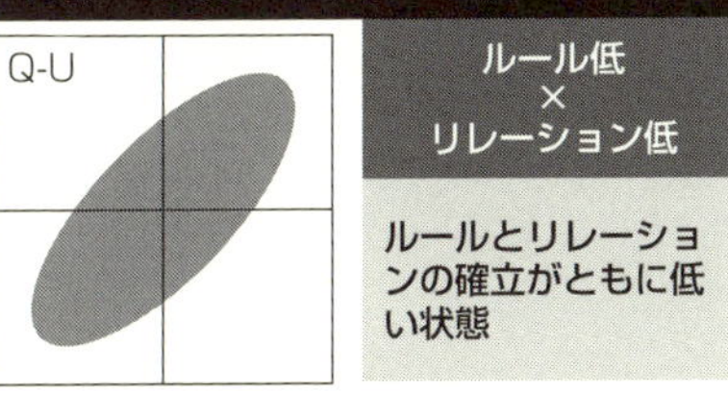

学級内の規律と人間関係が不安定になっています。または，「かたさのみられる学級集団」や「ゆるみのみられる学級集団」の状態から崩れ，問題行動が頻発し始めています。

教育環境の低下した学級集団（崩壊型）

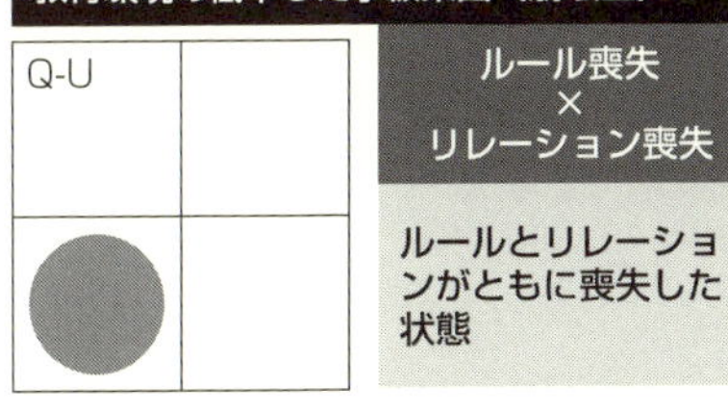

児童生徒は，学級に対して肯定的になれず，自分の不安を軽減するために，同調的に結束したり，他の児童生徒を攻撃したりしています。

拡散した学級集団（拡散型）

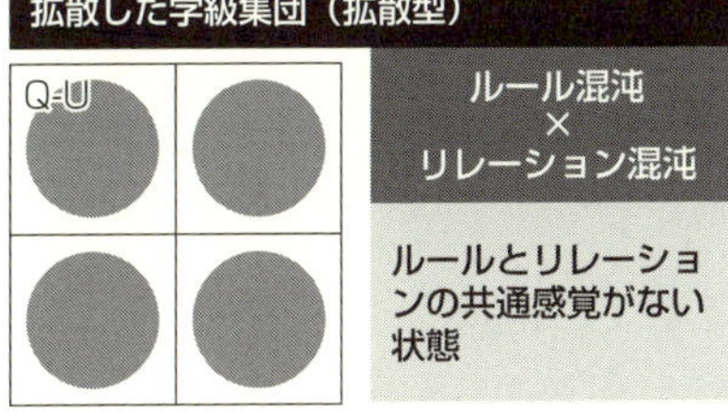

教員から，ルールを確立するための一貫した指導がなされていない状態です。児童生徒の学級に対する帰属意識は低く，教員の指示は通りにくくなっています。

第3章
課題分析の実際
～東京都狛江市の取組みから

狛江市教育委員会との協同に至った経緯

河村研究室が，狛江市教育委員会との協同によって市内小・中学校のサポートを行う取組みは，平成26年度で3年目となります。そのきっかけは，当時の狛江市教育委員会教育部理事兼指導室長の松田孝先生からの熱心な依頼でした。

さらなる向上をめざす狛江市の課題

狛江市の当時の状況

東京都狛江市は，東京23区の西側，多摩川低地に位置する東京のベッドタウンであり，人口は約7万8千人で，市内には小学校6校，中学校4校が設置されています。

児童生徒の学力状況は，全市的にみれば，文部科学省が実施する「全国学力･学習状況調査」や，東京都教育委員会が実施する「児童･生徒の学力向上を図るための調査」では，実施教科の平均正答率は，それぞれ，全国平均，東京都平均を少し上回っています。

学習状況も概ね良好です。松田先生ら指導室の学校訪問時，授業中に逸脱行動をする児童生徒はほとんどみられず，大多数の児童生徒が落ち着いて学習に向かっている状態でした。また生活指導上の大きな問題がそれほど報告されることもありませんでした。

このような状況から狛江市の児童生徒の実態を考えると，学力・学習状況，生活状況は，東京都のみならず全国的にみても平均レベルで安定しているといえる状態でした。

では，なぜ，狛江市教育委員会は，河村研究室にサポートを依頼するに至ったのでしょうか。

約２割の児童が国公立・私立中学へ

狛江市では，公立小学校から公立中学校への進学率が約 80％で，学力上位者を含む約 20％の児童は国公立か私立の中学校へ進学します。教育委員会は，この実態を，狛江市の学校教育が，保護者や児童生徒の期待に十分応えるものとなっていないからではないかと受け止めていました。

また，比較的落ち着いて生活できている児童生徒が多いものの，小・中学校ともに不登校の児童生徒が存在していることから，不登校問題をなくす対応も課題であると考えていました。

教員たちの意識はどうだったか

教育委員会は，現場の教員たちが授業等の改善に対する意識をもっていることは常に感じていました。いっぽうで，児童生徒が比較的落ち着いて学習等に向かっていることから，自分たちの教育実践について「いますぐに対応が求められる」とまでは感じていないかもしれないとみていました。

また，各教科等の学力が，学級集団の状態に左右されることに意識を向けている教員は多くはないと受け止めていました。授業力や学級経営力の向上にかかわる研修を実施していたものの，学級経営のやり方は最終的に一人一人の教員に委ねられ，組織的な対応は行われていない状況でした。

狛江市教育委員会はどう動いたか

Q-U の導入と積極的な活用をめざして

このような実態を踏まえ，教育委員会は，不登校問題への予防・開発的対応と，学年・学級集団を豊かなものへ育成すること，そして同時にそのプロセスを通して児童生徒の学力向上を図ることをねらいとして，Q-U の実施と活用について検討を始めました。また，通常の学級に在籍する特別な支援を必要とする児童生徒への対応，いじめの早期発見・早期対応のために，Q-U 実施に向けた予算案を作成し，市の財政当局や議会に実施の必要性を説いて理解を求めました。こうして翌年度には，管轄内すべての小学校と中学校で Q-U を実施しました。

しかし，Q-U を実施しただけでは，その結果をもとにいまのやり方をどう変えていくべきか，そのために組織をどうすればよいかなどを考えようとする学校や教員のアクションまでには，なかなか結びつきませんでした。

そこで，教育委員会は，全市規模でこれらの課題に取り組んでいくことを決断し，より詳細なアセスメントの実現に向けて，河村研究室に協力を求めました。

プロジェクトの始動

以上の話と 3 年間の協力の依頼を受けて，河村研究室はその熱意に動かされ，プロジェクトについて前向きに検討を始めました。また，教育委員会の思いと学校現場の先生方の思いがそろわないとうまくいかないので，その対策をプロジェクト開始までにとってもらえるよう教育委員会へお願いをしました。

そして後日，早稲田大学教育・総合科学学術院長（当時）を務められていた神尾達之教授にこの話をしたところ，狛江市教育委員会との取組みを，ぜひ当学術院でも応援したいということになり，教授会でも賛同が得られました。

こうして，狛江市教育委員会と早稲田大学教育・総合科学学術院との協同プロジェクトというかたちで取組みがスタートしました。

課題の発見

狛江市教育委員会には，「狛江市の義務教育９年間でしっかり児童生徒を教育し，その成果を保護者の方々に知っていただきたい」という思いがありました。

その思いを受け，河村研究室は，まずは前年度（平成 23 年度）の実態分析をしました。誌面の都合上，ポイントのみ記します。

1．学級経営の状況

小・中学校ともに平均的だが，バラつきがみられる

プロジェクト始動前の平成 23（2011）年度の狛江市の Q-U の結果をもとに，市全体の学級経営の状況を検討しました。市全体を総じてみると，小・中学校ともに，学級集団の各タイプの出現率は全国平均並みでした。ただし，すべての学級が平均的にあるというのではなく，学校や学年によっていろいろなタイプの学級が出現しており，全体を合算すると平均的になるという状態でした。

このように学校差や学年差が生じるのは，学級経営や集団づくりの方法にバラつきがあるためだと考えられました。

【取組み前の学級タイプの出現率】

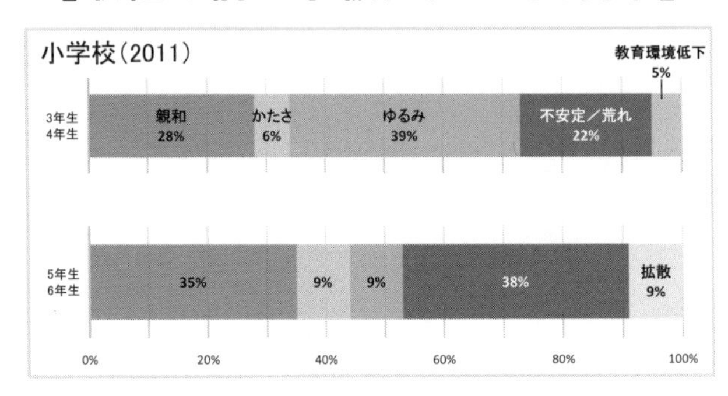

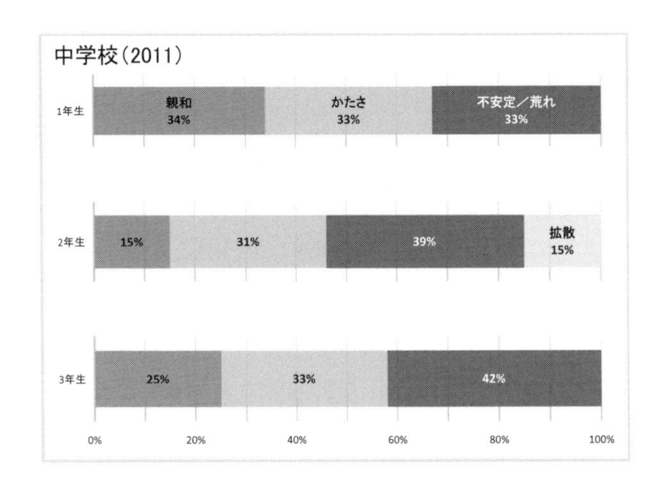

2. 学習面に関しての課題

小・中学校ともに，学習意欲が低い傾向がみられる

学習成果をみるために，平成23(2011)年度に実施したQ-Uの結果に，平成24(2012)年度４月に実施した「標準学力検査NRT」の結果を加えて分析しました。すると，次のような傾向がみられました。

- 文部科学省の実施する全国学力・学習状況調査の結果は全国平均並みだが，NRTの結果では小・中学校とも学力偏差値の高い児童生徒が全国平均よりも10%ほど多い(P.50参照)
- Q-Uの学校生活意欲尺度の結果は，小・中学校ともに学習意欲が友人関係など他の意欲と比べて低く，学年の後半からさらに低下する傾向がある
- Q-Uの結果とNRTの結果を分析すると，「学力が一定レベル以上高いが満足群にいない児童生徒」の学習意欲が顕著に低いことがみえてきた(P.51参照)
- さらに１年後の分析で，学力が一定レベル以上で，満足群にいない児童生徒に，アンダーアチーバーがとても多いことがわかった
- 中学生の進路意識が相対的に低い傾向にあることがわかった。進路意識と学習意欲には一定程度の相関関係があるため，中学生の学習意欲が低いのは，進路意識の低さからきていることも考えられる

【Q-U×NRT クロス集計でみる児童生徒の状況】

小学校（2011）

		Q-U		
		学級生活不満足群 **三次支援**	非承認群 と 侵害行為認知群 **二次支援**	学級生活満足群 **一次支援**
NRT	偏差値50以上 **一次支援**	A3 **11.1%**	A2 **16.4%**	A1 **35.7%**
	偏差値35～49 **二次支援**	B3 **6.7%**	B2 **11.1%**	B1 **15.0%**
	偏差値34以下 **三次支援**	C3 **1.2%**	C2 **1.2%**	C1 **1.7%**

A3＋A2＋A1
市内小学校平均 63.2%
（全国平均 52.2%）

B3＋B2＋B1
市内小学校平均 32.8%
（全国平均 40.7%）

C3＋C2＋C1
市内小学校平均 4.0%
（全国平均 7.2%）

学力が一定以上高い
児童生徒が全国平均より
も約10%多い。

中学校（2011）

		Q-U		
		学級生活不満足群 **三次支援**	非承認群 と 侵害行為認知群 **二次支援**	学級生活満足群 **一次支援**
NRT	偏差値50以上 **一次支援**	A3 **9.0%**	A2 **17.5%**	A1 **37.7%**
	偏差値35～49 **二次支援**	B3 **6.3%**	B2 **9.5%**	B1 **17.2%**
	偏差値34以下 **三次支援**	C3 **0.7%**	C2 **1.0%**	C1 **1.0%**

A3＋A2＋A1
市内中学校平均 64.2%
（全国平均 52.3%）

B3＋B2＋B1
市内中学校平均 33.0%
（全国平均 40.8%）

C3＋C2＋C1
市内中学校平均 2.8%
（全国平均 6.9%）

【学力偏差 50 以上の児童生徒の学習意欲】

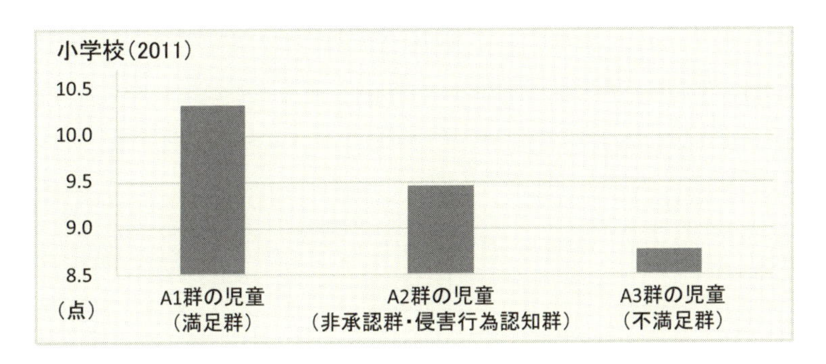

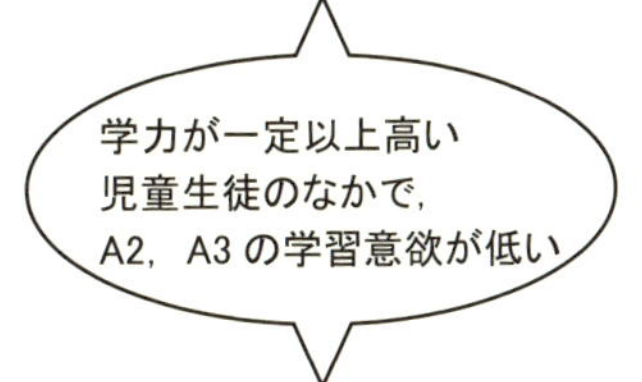

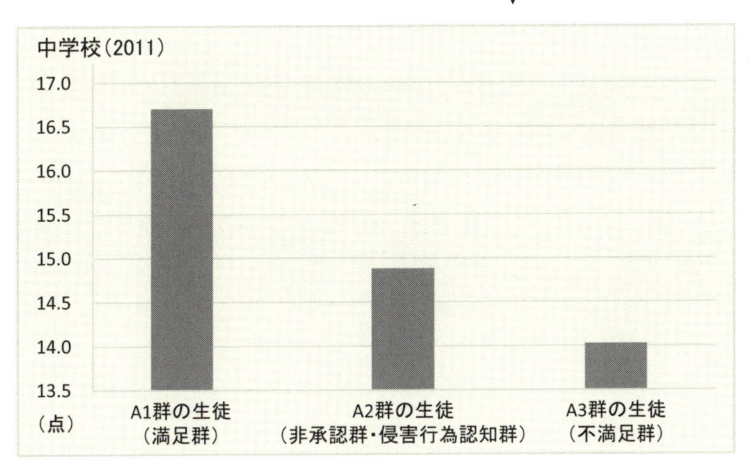

3. 不登校問題に関しての課題

小学校では早急な改善が必要

文部科学省は「年度間に連続又は断続して30日以上欠席した児童生徒のうち，欠席理由が『不登校』に該当する者」を不登校として調査しています。しかし今回の取組みでは，不登校問題への予防・開発的な対応をめざしていることから，不登校に至る前の欠席日数についても検討することにしました。

まず，狛江市で年間30日以上欠席した児童生徒数は，全体との比率で，小学校低学年1.7%，小学校高学年0.9%，中学校1.4%でした(この数値には不登校以外の欠席理由を含む)。当時の不登校児童生徒の出現率の全国平均値は小学校0.3%代，中学校が2.6%代でしたから，特に小学校での対応が緊急だと考えました(編集部注：文部科学省『児童生徒の問題行動等生徒指導上の諸問題に関する調査』では，平成25年度の全国の不登校児童生徒の割合は，小学校は0.4%(276人に1人)，中学校2.7%(37人に1人)と報告)。

小・中学校ともに，不満足群に不登校傾向が強くみられる

次に，Q-Uの4群別に欠席状況をみていくと，小学校低学年，小学校高学年，中学校ともに，満足群の児童生徒の欠席日数が少ない傾向が認められた一方で，不満足群の児童生徒の欠席日数が満足群の児童生徒の欠席日数の1.5倍前後であることがわかりました。

以上の分析から，河村研究室では教育委員会に対して，児童生徒(特に学力の高い子)の学習意欲を喚起する授業展開の工夫を軸に，教育力の高い学級集団づくりに学校単位で組織的に取り組む方針を提案しました。

【児童生徒の年間欠席日数の分布】

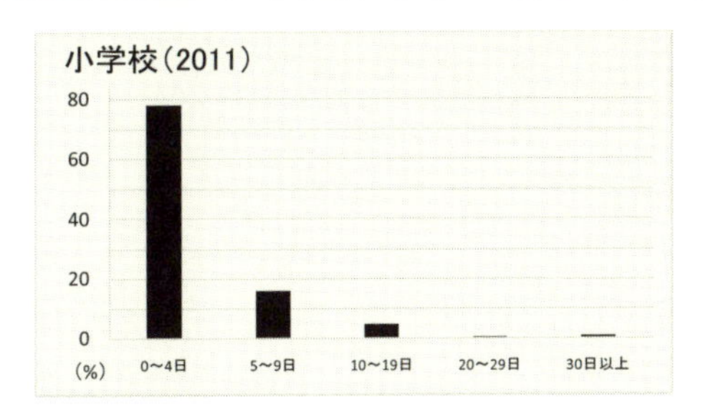

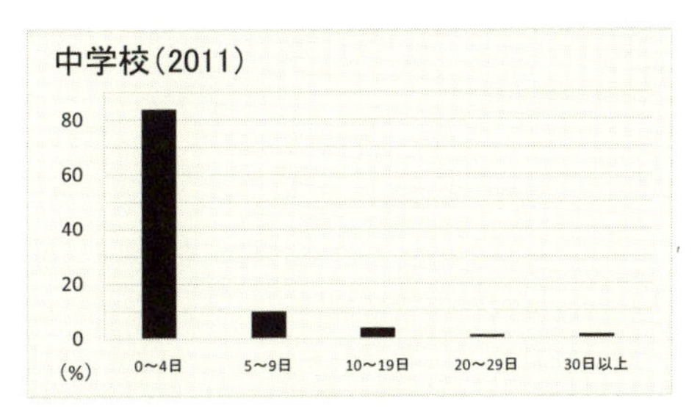

【Q-U 4 群別年間欠席日数】

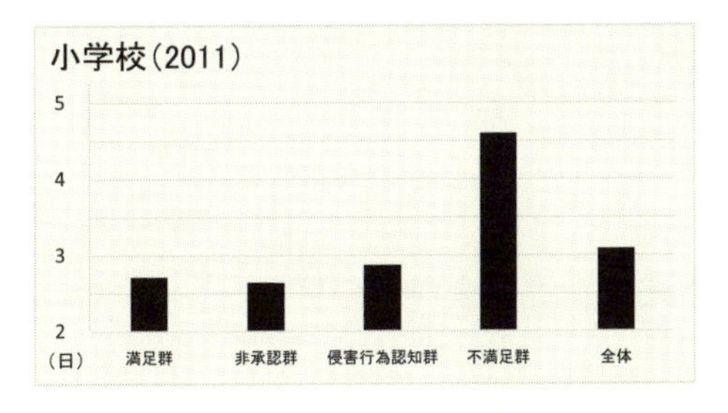

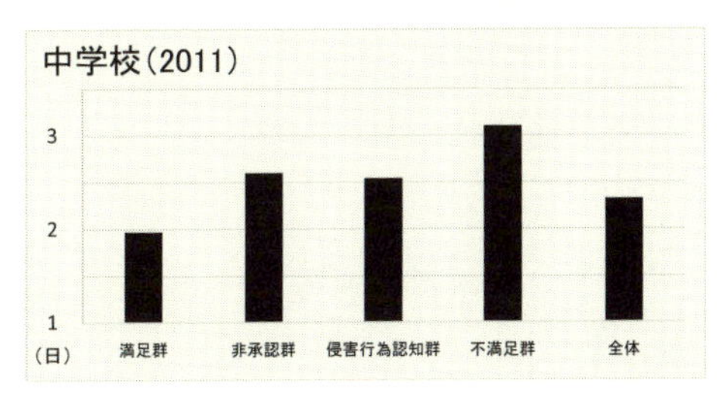

課題分析に基づく教育委員会の取組み

河村研究室による課題分析を経て，狛江市の小・中学校で，教育力のある学級集団を育成する取組みがスタートしました。

プロジェクトの推進にあたって，当時の狛江市教育委員会教育部理事兼指導室長の松田孝先生，統括指導主事の伊藤聡先生は，まずはじめに，どうしたら狛江市内の小・中学校の全教職員が教育実践に対して共通の認識をもち，課題解決のための方法論を共有できるだろうかと考えたそうです。

また，常日ごろ教育実践を通して感じている児童生徒の様子と，新たに導入したQ-Uの結果とのギャップに戸惑う教職員や，多忙さから新たなことに取り組むゆとりのない教職員にも，この機会にQ-Uの活用の仕方を学び，教育実践に生かしてほしいという思いをもっていました。

さらに教育委員会や管理職からのトップダウンの動きだけでは，教職員の「やらされ感」を助長してしまうかもしれないと考え，各校のミドルリーダーや，若手の教職員等からのボトムアップの動きを促すことも，取組みを活性化する鍵になると考えました。

拠点校の設定と市教育委員会からのサポート

そこで教育委員会は，本プロジェクトを推進する拠点となる学校を設定し，初めにその学校を重点的にサポートしました。他校のモデルとなる教職員の組織体制のあり方を，まずその学校に見出すことで，取組みが市全体に広がると考えたからです。

教育委員会は，学校組織体制の構築をサポートするために，拠点となる学校の教職員に他県の「Q-U推進校」を視察させました。さらに，定期的に講師を派遣し，取組みの方向性について指導・助言を受ける機会を提供しました。これらの取組みは，ねらいどおり，拠点となる学校の学校組織体制の構築に効果を上げました。

年間教員研修プログラム

狛江市教育委員会は，市内の教職員のモチベーションを高め，足並みのそろった学校組織体制の構築をサポートするために，年間を通した教員研修プログラムを企画運営しました。具体的には，①教職員全体研修，②校長研修，副校長・主幹教諭研修，③かけはしプロジェクト，④若手教員研修，⑤授業コンサルテーション（各学校，年間２回）を計画しました。狛江市教育委員会のそれぞれの取組みについて，次ページで説明します。

教育委員会指導室の取組み（平成24年度）

月	教員研修	かけはしプロジェクト	授業コンサルテーション
4	教職員全体研修 校長研修	第１回委員会	
5	副校長・主幹研修	第２回委員会	
6		第３回委員会	
7	副校長・主幹研修	第４回委員会	
8	若手教員研修		授業コンサルテーション
9		第５回委員会	12月までに各学校２回
10			↓
11			↓
12	校長研修 副校長・主幹研修	かけはしプロジェクト発表会 研究授業 協議会	↓
1		○○中学校研究発表会	
2		小・中連携の取組み 事例研究会	

❶教職員全体研修

教育委員会が，本プロジェクトの周知と狛江市の現状分析に基づく課題の共有，教職員のモチベーションの喚起をめざして，市内の全教職員を対象に，4月の辞令交付式の後に実施しました。全体研修はプロジェクトの2年目以降も実施し，前年度の取組みにおける成果と課題を提示して，市全体でめざす方向を確認する機会として活用しました。

❷校長研修，副校長・主幹教諭研修

教育委員会は，現状分析と合わせて，今後の取組みの方向性を確認したり，ディスカッションを通して学校間での情報交換を行う必要があると考えたといいます。そこで，年2回の校長研修および年3回の副校長・主幹教諭研修を計画しました。各学校の校長，副校長，主幹教諭を対象に，各学校の分析結果に基づいた取組みの方向性の確認，学校組織マネジメントのあり方についての研修を行いました。その際には，受講者に各学校での取組みの方向性をまとめた資料や，各学級担任からの学級状況報告等の資料を，あらかじめ作成してもらったといいます。

❸かけはしプロジェクト

各学校の取組みを牽引する「核となる教員」の育成を目的とした研修会を行いました。参加者は，小・中学校長，各学校の学級担任が1名ずつです。学級集団の状態が特に良好だった学級として，前年度のQ-U結果で，満足群の児童生徒が70％以上の学級担任を，本プロジェクトの委員として各学校から選出してもらい，年間5回の委員会を通じて，Q-Uを活用した学級集団づくりのプロセスについて事例検討を通して学んだといいます。学級集団の変容を確認するために，最終的に1クラスを抽出して研究授業を行いました。

❹若手教員研修

初任者から経験年数３年目までの教員を対象として，学級集団アセスメントや事例検討，Q-U を活用した学級集団づくりの具体的な方法を中心に研修を行いました。この研修は，夏休み期間中に実施しました。学級集団づくりに悩む若手教員が，６月に実施したQ-U結果を持参して，講師から夏休み明けの対応の方向性についてアドバイスを受ける場としても活用されたといいます。

❺授業コンサルテーション

各学校に年２回講師を派遣して，Q-U の結果分析に基づくコンサルテーションを行いました(平成 25 年度は年３回)。各学校のニーズに合わせて内容はアレンジし，管理職向けの全体傾向の説明や，学年・学級ごとの現状のアセスメント，今後の対応の助言を受ける時間として活用したといいます。

プロジェクト開始から３年目の現在，狛江市では，当初はこのような取組みにとまどいを感じていた教職員も，現状分析に基づく対応の効果を実感し, Q-U の活用に前向きになってきているようです。その結果，外部で運営されている研修会に自主的に参加する教職員も増えています。しかし，学校によって取組み方には差があり，まだそれを埋めるには至っていません。成果を上げている学校をモデルに，さらに教職員への啓発を進め，市全体の教育実践の向上につなげていくことが現在の課題となっています。

課題分析に基づく各学校の取組み

小学校の取組み(狛江第五小学校)

不登校等の課題への対応と，校内連携体制の構築をめざして

校長の森永ひさぎ先生によると，本プロジェクトの開始当初，狛江第五小学校の不登校の出現率は狛江市の平均よりも高く，やや不安定な状態の学級集団では，いじめの訴えを受けて対応することもあったそうです。また,学級経営は各学級担任だけに任せきりになっていることが多く，学年や学校をあげての協力体制が築きにくい状況がありました。学級満足度などのQ-Uの数値に抵抗感と不安感を示す教員も，全校教職員の7割に上っていました。

森永校長は，Q-Uの導入をきっかけに校内連携体制を構築したいと考え，まず学校･学年でQ-U結果を共有することをめざしました。

活用のねらいと意義，方法論の明確化

導入初年度は，校長自身が，Q-Uを実施する意義等について校内研修会で講義をしました。「Q-Uの導入は人事考課ではない。児童が所属する学級の安定こそが学力向上につながる。数値に表れた結果がすべてではない。数値に惑わされることなく現状を把握し，児童にとって安心して過ごせる学級をつくろう」と呼びかけました。

結果の見方や分析については，かけはしプロジェクト委員(P.56参照)が指導しました。分析結果をもとに，学年で課題と方策を話し合いました。また,各学級のプロットとアセスメントを集計して，そこから学校としての課題をあげ，全学級が満足群70%以上をめざすことを周知しました。

満足群が70%以上の学級の担任や，2回目の結果で満足群が伸び

ている学級の担任には，学級の課題と具体的方策と結果を報告させ，モデルとして提示しました。また，授業観察時の指導案に満足度4群を記述させ，事後指導では不満足群の児童への具体的配慮をどうしたか，非承認群の児童の見立てを説明させるなどの取組みを行い，日々の教育実践とQ-U結果とを結びつけていきました。

取組み開始から2年目には，Q-Uを生かした学校経営案を設定し，学級経営案にも学級担任がQ-Uを生かした指導方針を記述するようにしました。そのほか，かけはしプロジェクト委員による伝達講習を行い，転入してきた教職員への指導も随時進めました。また，生徒指導部では，いじめの未然防止のため，個別面談および学級担任への指導に取組みました。

研究推進委員会では，研究授業の指導案にQ-UおよびNRTの結果を反映した座席表を掲載し，抽出児童の集団へのかかわり方や教員の指導方法を参観者が観察できるようにしました。「指導のくせ」に気づかせる取組みで，授業改革・学級経営改善を行いました。

このように，分掌ごとにQ-Uに結果を活用した取組みを計画実行していきました。

学級満足度の向上による教職員の変化

学級満足度の数値が向上する体験は手応えとなり，児童の集団・児童個人に積極的にかかわっていこうとする教職員が増加していきました。さらに，学年団のチーム意識が高まり，年2回のQ-U実施後には，学年ごとに分析したり，対応方針を話し合ったりすることが校内に定着していきました。

今後は，児童一人一人に向き合う姿勢や時間を生み出す教育課程の編成，学級づくりを意識した適切な行事の配置等を通して，心地よい集団，児童が自信をもつ集団づくりを意図的かつ計画的に実施できるようにしていきたいといいます。

中学校の取組み(狛江第三中学校)

学級満足感および進路意識の向上による学力向上をめざして

狛江第三中学校は,「拠点校」として指定を受けて,「生徒のための Q-U 活用」というスローガンを掲げ,学校をあげて,学級満足感および進路意識の向上をめざしました。ところが,副校長の工藤聡先生によれば,当初は新たな取組みへの教職員たちの戸惑いが大きかったそうです。

教職員の意識改革と校内体制の構築

新しい取組みに対する教職員の不安や緊張を緩めていったのは,かけはしプロジェクト(P.56 参照)に校長と主任教諭が参加したことがきっかけだったそうです。研修会で学んだ内容や手法を校内に広め,学年会で Q-U の分析を行ううちに,少しずつ教員集団に変化が見え始めました。「核となる教員」が出てきて,トップダウンとボトムアップの両方向からの流れがかたちづくられ,Q-U への理解が進むにつれて,学年会でも結果を分析し,問題を共有し,組織で対応することが当たり前の感覚に近づいていきました。

２年目からは,研究協力校の指定も受け,研究委員会を組織して月１回の研修会を計画し,仮説を設定して研究に取り組みました(右表参照)。しかし,その年の６月の Q-U 調査では思うような結果が出ませんでした。

ちょうどこのころ,戸田主任教諭が他県の「Q-U 推進校」を視察したことや,校内で研究のための分科会を学年会で組織したことがきっかけとなり,これまでは Q-U の結果やその対応について,学年を超えた共有ができておらず,学校全体での取組みに至らなかったことが校内の課題として浮かび上がりました。

結果がデータに表れないときは,教育委員会からの派遣講師の指導を定期的に受けるなかで，「確実に前進している」という助言を得られたことが，教職員のモチベーションの維持につながりました。

３年目は，前年度の課題をもとに，組織の活性化を目標として，主任教諭や若手教員，学年の枠を超えた分科会組織づくりを行いました。その年の６月には，生徒の承認感や学校生活意欲に向上のきざしが見え始め，教職員からも「生徒の良好な変化」の話が聞かれるようになり，部活動でもよい結果が出るようになりました。

学力向上に向けて

狛江第三中学校では，３年間の取組みを通して，試行錯誤しながらも取組みの方向性が明確になり，学校全体で，継続して一貫した対応を行うことが成果につながるのだということを実感していきました。研究発表後も現在の組織体制で対応を継続していくことで，最終的な目標である「学力の向上」につなげていくことが，今後の課題だということです。

【狛江第三中学校で組織された分科会とその取組み】

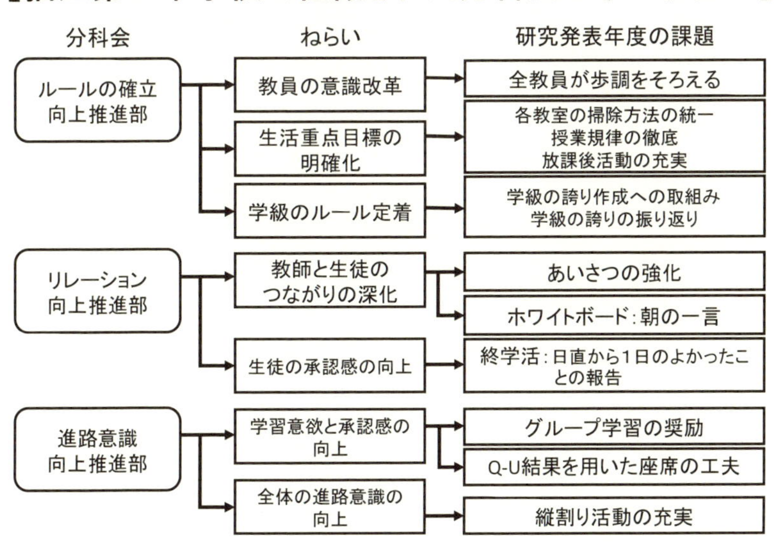

コラム

「親和的な学級集団」でこそ学力が向上する理由

親和的でまとまりのある学級集団は，児童生徒の心の教育の推進に大きく寄与すると同時に，児童生徒個々の学習を促進する要素をたくさんもっています。具体的には次のような点です。

学習意欲が喚起されやすい

児童生徒の学習意欲が低い状態だと，どんなに外部からのよい働きかけ（刺激）があっても，反応はいまひとつとなってしまいます。まず，学習意欲を喚起することが大事なのです。次の３点について，興味・関心を高める教員のかかわりが第一歩となります。

・学ぶ内容が知的で面白い
（その教科の背景にある学問そのものの面白さ）
・学ぶ活動自体が面白い
（ゲーム感覚で取り組む，友人と競争したり協同することが楽しい，パソコンを使うことが楽しいなど，学び方や学ぶ形態の面白さ）
・学びから得られるものがうれしい
（学んだ結果，その科目の成績が上がってうれしい，自分なりの目標を達成できたことに充実感を感じるなどの面白さ）

親和的でまとまりのある学級集団は，児童生徒の相互作用が活発で，互いを刺激し合うので，上記３点が喚起されやすい状態にあります。児童生徒の実態や学級集団の状態によって，対応しやすい点から取り組み，最終的に前述の３点の興味・関心を喚起することができるといいでしょう。

学習意欲が強化される

親和的な関係の集団では，互いを認め合う雰囲気があるので，がんばったこと，努力したことを，仲間から声をかけられて認められたり，プラスの評価を受けることが多くなります。すると，「努力してよかった」「認められてうれしい」「またがんばろう」と，児童生徒の学習意欲が強化・維持されます。学習活動への取組みはますます向上します。

学習スキルをモデル学習できる

親和的な関係の集団には，互いを認め合う雰囲気があるので，前向きに高いレベルで活動している人が評価され，モデルとして注目されます。そして，周りの児童生徒に，その人の行動や態度をまねしようという傾向が生まれます。この中で，児童生徒は，自然と学習スキルを学ぶことができるのです。

学習する習慣が定着する

人間は周りの人の行動に影響されます。仲間たちの多くがきびきびと前向きに，当然のように活動している学級では，個人の学習する習慣，自ら活動する習慣も自然と定着しやすいのです。

［参考文献］

河村茂雄『データが語る①　学校の課題』図書文化

河村茂雄・粕谷貴志『公立学校の挑戦　小学校』図書文化

プロジェクトの成果と今後の課題

プロジェクト開始から３年たった狛江市の成果を，以下に振り返りたいと思います。

平成24(2012)年度，平成25(2013)年度，平成26(2014)年度の１学期までの取組みの結果を，取組み前の平成23(2011)年度の実態と比較検討すると，❶不登校問題，❷学力問題，その背景にある❸学級集団の状態の問題ともに，❹いじめ問題の予防，❺特別な支援の必要な児童生徒の学級満足感と意欲についても，全体として改善が認められました。これは，各年度の学年ごとの成果や，一つの学年を２年半継続してみた成果をトータルした場合の結果で，年度，学年ごとに若干の起伏が含まれますが，以下に，課題別に成果を確認したいと思います。

狛江市の取組みの成果

❶不登校問題の改善

実態分析に基づいて，各学級のQ-U４群の児童生徒ごとに個別対応の方向を整理して，問題行動が目立たない児童生徒にも確実に対応していくことで，顕著な改善が認められました。

とくに，全体の欠席日数が減少し，無欠席の児童生徒が有意に増加した点が注目されます。

本取組みは，教育環境として学級集団の状態を良好にして，すべての児童生徒の学校適応を向上させ，その結果として不登校につながる欠席も減少させていくことをねらいとしました。不登校問題の改善というと，30日以上欠席した児童生徒が何％減少したのかという面ばかりが注目されますが，本実践では，すべての児童生徒の欠席日数の変化が，取組み全体の効果を物語っていると思います。

【無欠席者の出現率の推移】

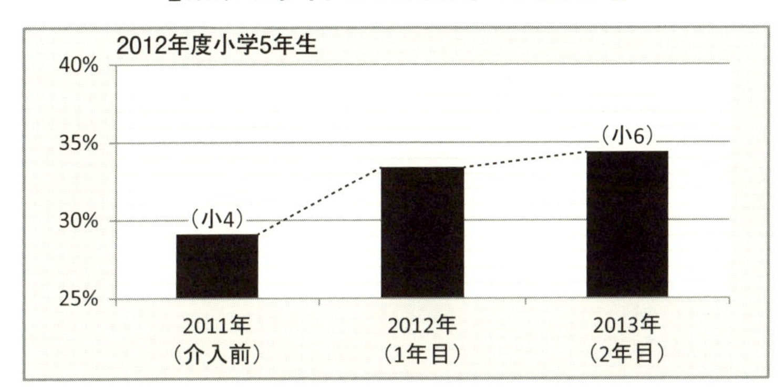

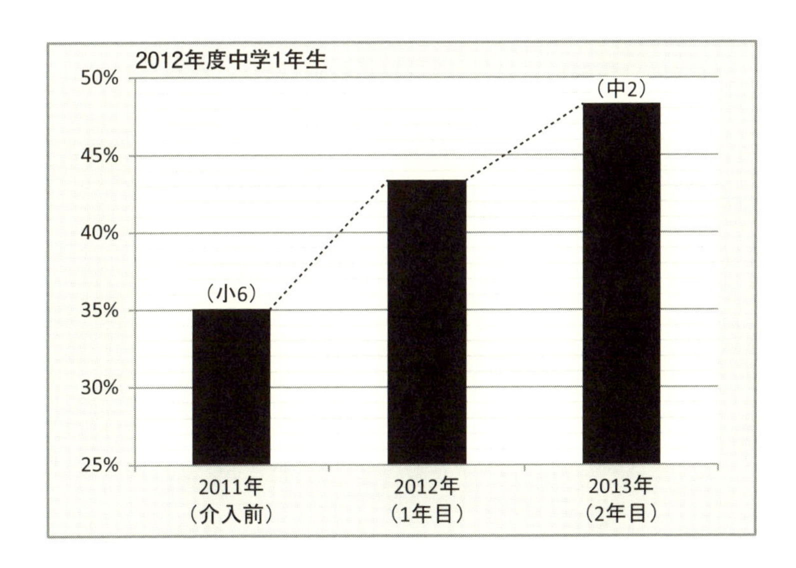

❷学力問題の改善

実態分析に基づいて，児童生徒の学力レベルの分布に応じた授業展開と，Q-U × NRT の９分割に基づいた各群の児童生徒への個別対応を計画的に展開したところ，次のような成果がみられました。

○全体の学習意欲が向上

○当初の課題であった学力上位の児童生徒の学力低下が改善

○２年半の取組みを受けた児童生徒（期間内で３回のデータ収集に該当した児童生徒）の学力定着の改善

【学習意欲の推移】

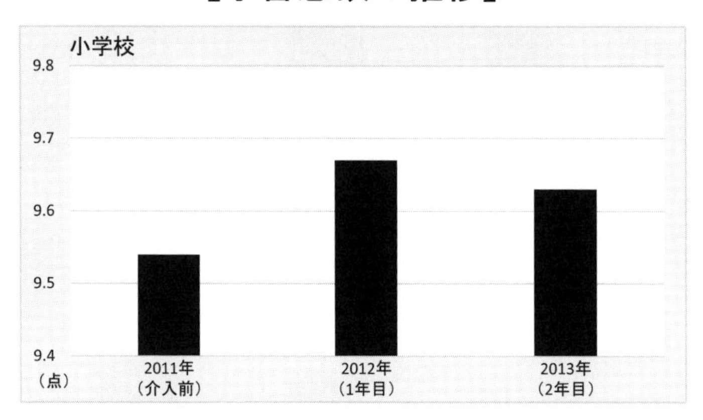

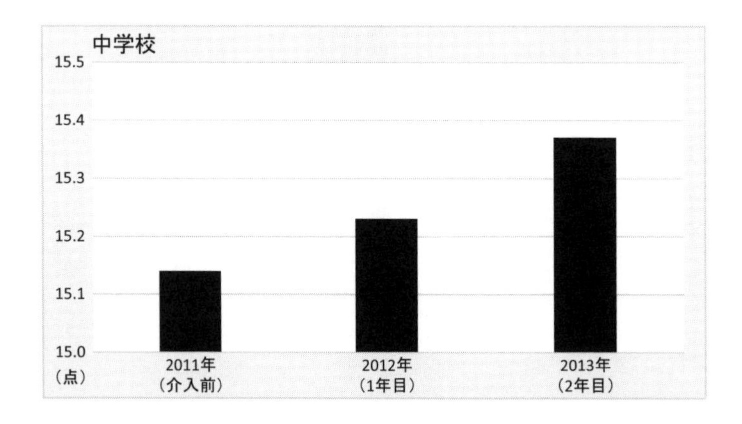

【学力の伸びの比較】

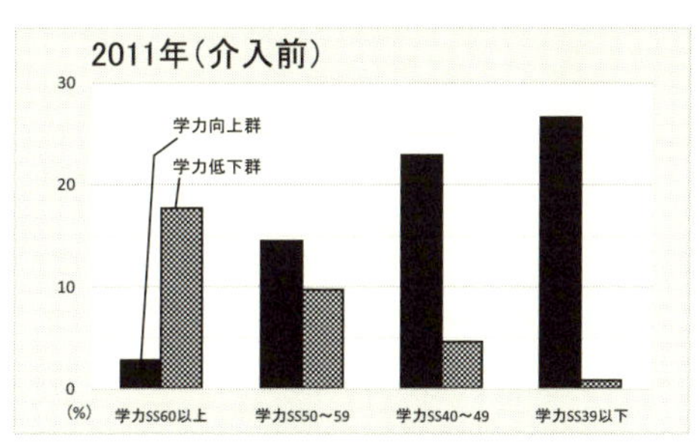

学力向上群:
NRTの偏差値の変化のタイプ。前年度の偏差値よりも今年度の偏差値が向上した児童生徒

学力低下群:
NRTの偏差値の変化のタイプ。前年度の偏差値よりも今年度の偏差値が低下した児童生徒

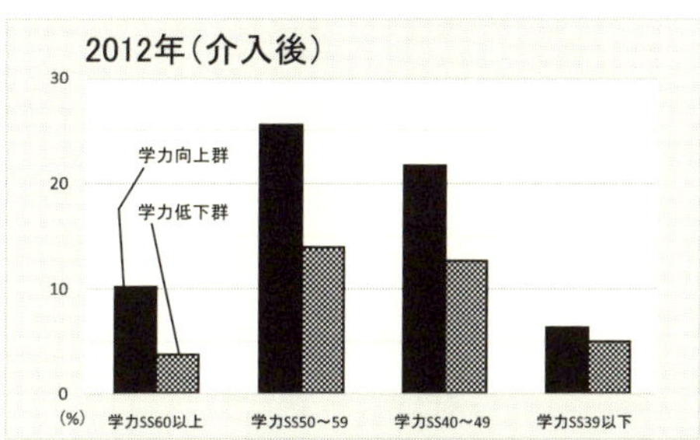

【学力偏差値の推移】

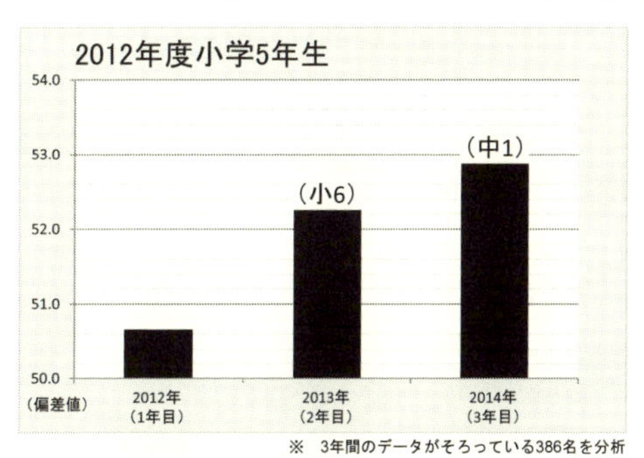

※　3年間のデータがそろっている386名を分析

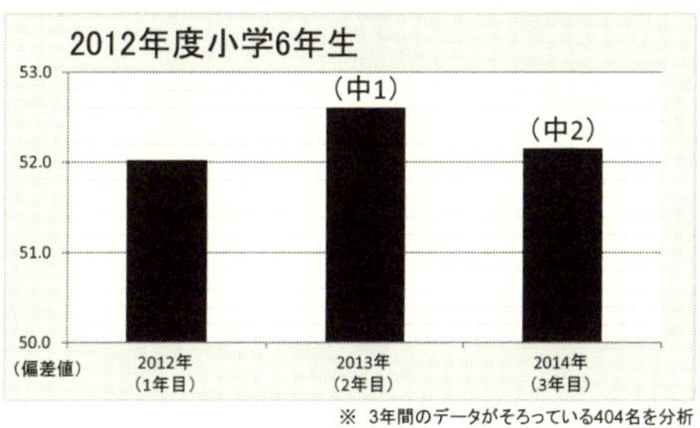

※　3年間のデータがそろっている404名を分析

❸学級集団の状態の改善

不登校と学力の問題の背景にある学級集団の状態については，取組み前の平成23(2011)年度は，全体的に「親和的なまとまりのある学級集団」よりも「不安定な要素をもった／荒れのみられる学級集団」のほうが多く，学年当初よりも半年後のほうがさらに状態が悪くなるという実態でした。取組み後の平成24(2012)年と平成25(2013)年度を年間でみると，全体に「親和的なまとまりのある学級集団」が増加した，もしくは，「不安定な要素をもった学級集団／荒れのみられる学級集団」が減少した，などの結果が見られました。また，学年当初よりも半年後のほうが学級集団の状態が良好になる(学級集団づくりの成果)，という改善が認められました。

そして，学級集団の状態が良好な学級では，児童生徒の学習意欲が高く，児童生徒の学力の伸びも大きいことが明らかになりました。

【学級タイプの出現率の変化】

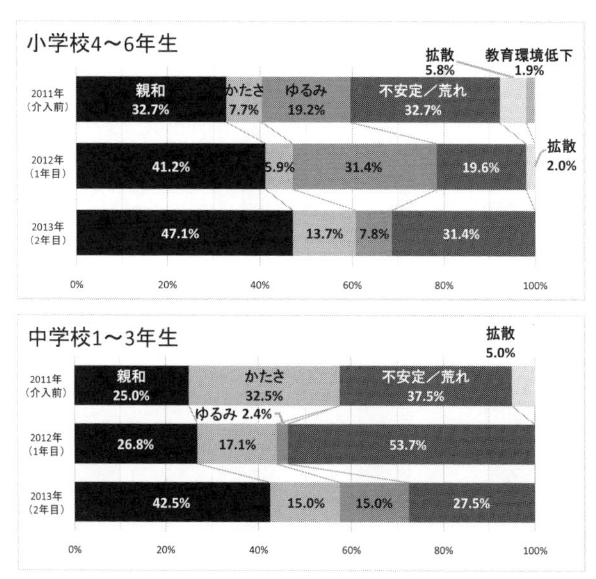

【学級タイプと学習意欲の関係】

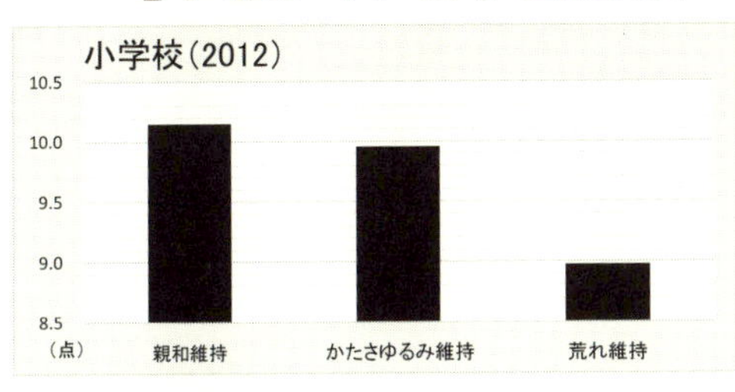

中学校（2012）
17.0
16.5
16.0
15.5
15.0
14.5
14.0
（点）
親和維持
かたさゆるみ維持
荒れ維持

親和維持：
2012年度内に実施したQ-Uで，「親和的なまとまりのある学級集団」の状態を維持した学級

かたさゆるみ維持：
2012年度内に実施したQ-Uで，「かたさのみられる学級集団」または「ゆるみのみられる学級集団」の状態を維持した学級

荒れ維持：
2012年度内に実施したQ-Uで，「不安定な要素をもった／荒れのみられる学級集団」の状態を維持した学級

【学級タイプと学力の伸びの関係】

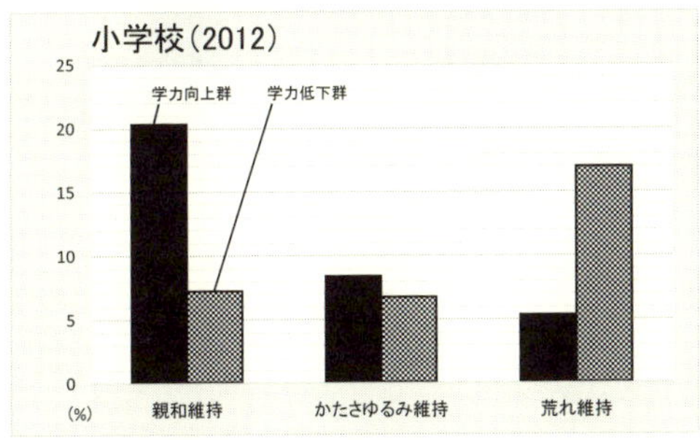

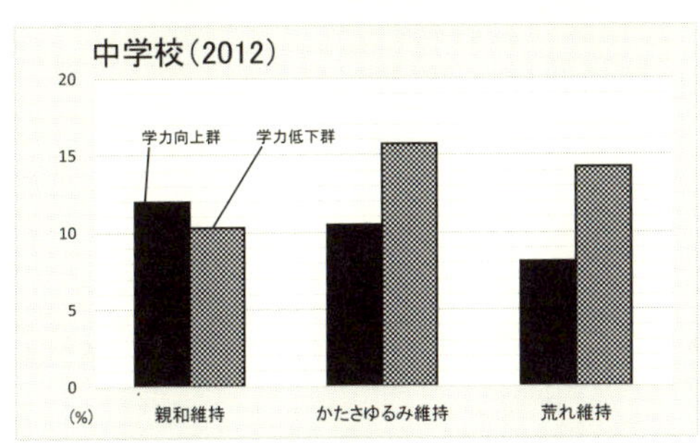

❹ いじめ問題の予防効果

取組みをしていくなかで，学級内のいじめ問題につながる可能性のある「からかい」「暴力」「無視」「ひやかし」「悪ふざけ」などの回答が大きく減少しました。

逆に，これらの状況が減少していったので，学級集団の状態が良好になってきたといえると思います。

【いじめに関する項目にチェックをつけた児童生徒の割合の推移】

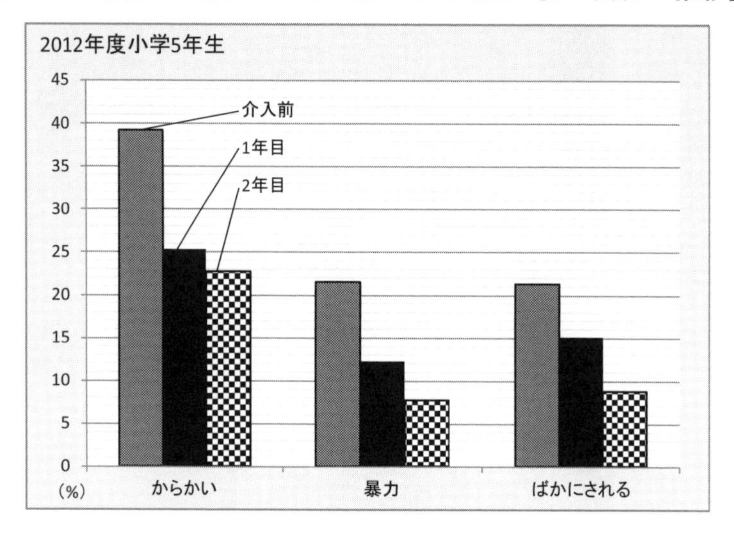

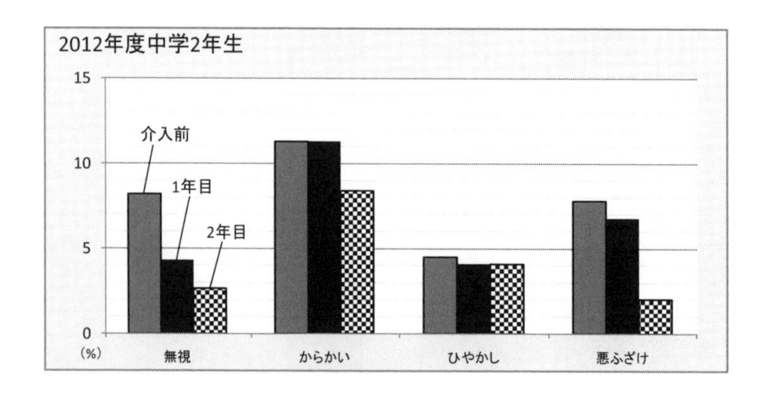

❺ 特別な支援の必要な児童の学級満足度と意欲が向上

取組みをしていくなかで，小学校では通常学級に在籍する特別な支援の必要な児童にも注目し，実態分析に基づく個別対応を計画的に行いました。その結果，他の児童と同様に，特別な支援の必要な児童についても学級満足度と友達関係・学習・学級とのかかわりの意欲が向上しました。

【特別な支援が必要な児童のQ-U得点の推移】

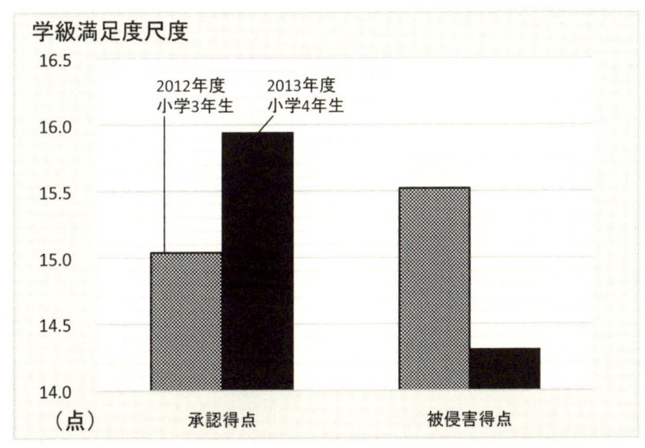

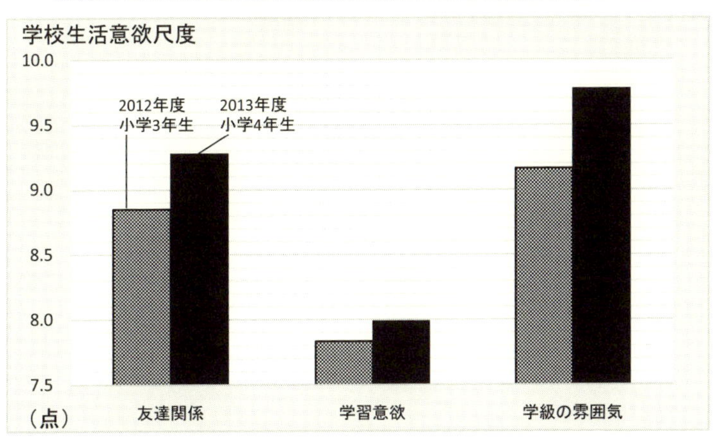

狛江市の取組みの今後の課題

平成24(2012)年度からの3年間のプロジェクトを通して，狛江市は一定の成果をあげることができました。ただ，私としては，全体としてさらに高い成果があげられたのではないかという思いがあります。それは，今回の取組みに学校差が認められたこと，同じ学校でも学年差が認められたことが理由です。つまり，実態分析から作成した指針を，「校内の教員組織による組織的取組みの展開」にまで結びつけられたかどうかが大きいと思います。

組織力の高い学校では，授業の展開のあり方，児童生徒への対応のあり方，そして学級集団づくりを含めた学級経営のあり方まで，基本的な考え方と方法論が，すべての教員に共有されています。そのため教員間の足並みがそろった確実な教育実践が展開され，これが高い成果をもたらすと考えられます。

教育実践の成果を向上させていくためには，良好な教員組織をどのように形成していくのか，どのような組織的な取組み方が求められるのかという問題が，より具体的に研究されていかなければならないと思います。今後の私の課題にしたいと考えています。

【学校ごとのNRTの伸び率の違い】

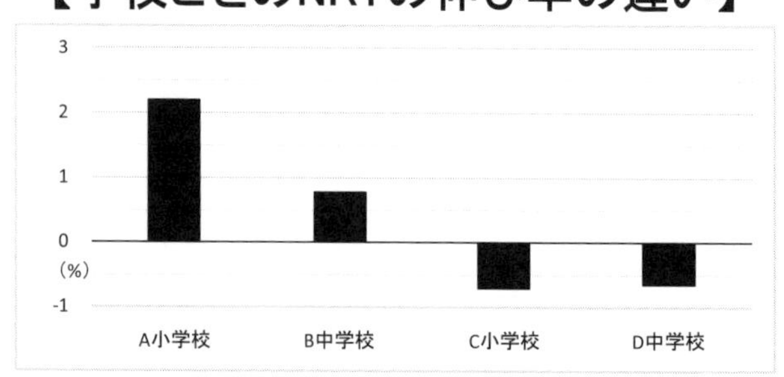

【学力の伸びが大きかった学校の学級タイプ】

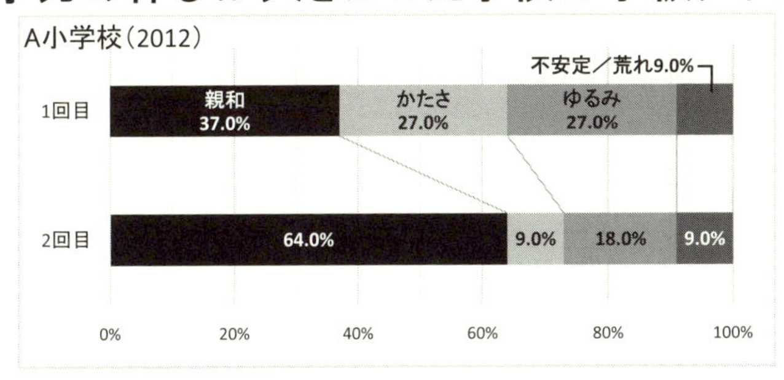

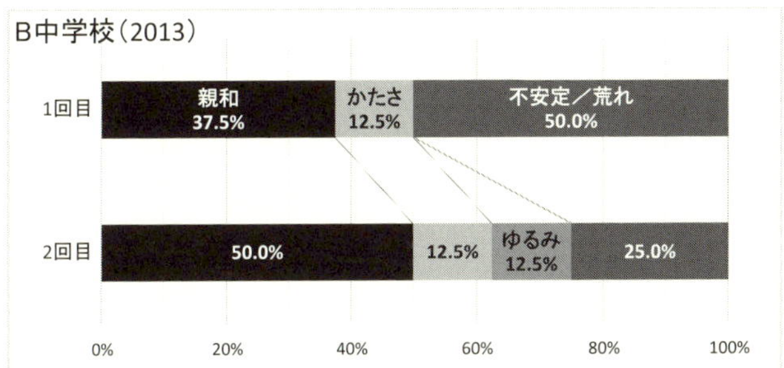

【学力の伸びがみられなかった学校の学級タイプ】

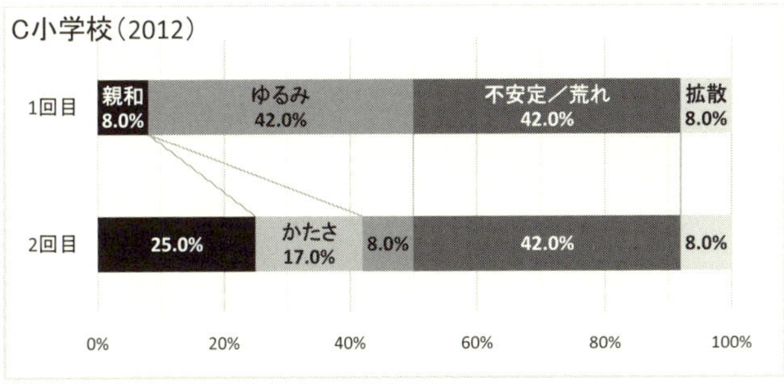

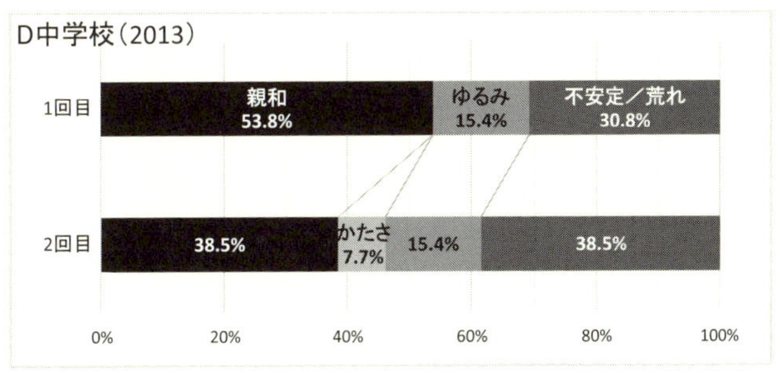

コラム

教員たちの組織的活動のむずかしさ

これまで河村研究室では多くの学校や教育委員会をサポートしてきましたが，残念ながら，支援したすべての学校が自立した取組みを展開できるようになったわけではありません。ポイントは，連携して取り組める教員組織が形成できたかどうか，教員組織としてシステム的に取り組む流れがその学校に定着したかどうか，です。

詳細に実態分析し，取組みの指針を作成したものを，教育委員会や学校の責任者に時間をとって確実に伝達すれば，それで各学校は確実な教育実践を展開できる，と考えるのは早計です。

河村研究室では，この10年間で６つの県と50以上の市町の教育委員会をサポートしてきました。悪化したケースはなかったものの，もっと成果があがってもよいと思われるプロジェクトが，約15％ありました。

想定したレベルまで成果がみられなかった学校や教育委員会の要因としては，実態分析に基づいて作成した指針を，「校内の建設的で良好な教員組織による組織的取組みの展開」に結びつけられなかったことが大きいと考えています。

なぜ結びつけられなかったのか，その要因は，地域，学校ごとにそれぞれ特徴があり一つには絞れませんが，代表的なものとしては次のようなものがあると考えています。深刻に思われるものから列挙します。

・教員組織が分裂しており，連携して一つのプロジェクトに取り組む状態ではなかった（教育委員会が主導で実施したケースで，管轄している学校のなかにときどきみられます）

・教育委員会や管理職は問題意識をもっていて意欲的なのだが，現場の教員たちにその問題意識が共有されず，適切な教育実践に結びつかなかった
・問題意識は管理職にも現場の教員たちにも共有されたのだが，組織的に活動するという方法論が教員組織に十分に確立されず，学校全体の確実な教育実践につながらなかった（教員間の取組みに温度差が出たり，一部の教員だけに仕事のしわ寄せがいってしまい，教員たちの足並みが揃わなくなった場合，それから推進している一部の教員や管理職が他校に異動したら取組みが萎んでしまった場合）

教員組織の問題はとても大きい，と認識しています。プロジェクトの指針を「校内の建設的で良好な教員組織による組織的取組みの展開」につなげるためには，リーダーのとても大きな労力を必要とするのです。この部分については，拙著『教育委員会の挑戦』『公立学校の挑戦』（図書文化）もお読みいただけると幸いです。

現在では，これを教員組織の問題として独立させ，研究対象として調査分析を実施しています。

コラム

「当たり前」を俯瞰する

全国学力調査などで高い成果をあげている他県の学校に教員を派遣して，そのノウハウを学ぼうとする動きがあります。しかし，派遣から戻ってきた教員の多くが，「特別なことはしていなかった，当たり前のことをやっていた」と教育委員会に報告するらしいのです。派遣した教育委員会としては拍子抜けですが，この「当たり前のことをやっていた」には，大きなポイントがあると思います。

「当たり前」という感覚は，その人が意識せずもっている行動の基準です。人は「当たり前」のことをやっていると他者に話すとき，相手も自分と同じことをやっていると考える傾向がありますが，人によって「当たり前」の質とレベルは違うのです。組織や集団のなかには，その組織や集団のメンバーたちに暗黙に考えられている「当たり前」があります。高い教育実践の成果をあげている学校は，そこの教職員集団がもっている当たり前の質とレベルが高いのです。単元の内容をわかりやすく説明するのが教員として「当たり前」と思っている学校と，わかりやすく興味深く学習活動を展開したうえで，ほとんどの児童生徒に確実に理解させてもっと深めたいと思わせるまでが「当たり前」と思っている学校との違いです。

Q-U を活用した取組みは，教員がもつ「当たり前」の質とレベルの向上をめざす取組みだと思います。当たり前にやっていると思っている教育実践の「当たり前」の質とレベルは，意識して俯瞰してみなければわかりません。個々の教師がもつ「当たり前」の質とレベルを，児童生徒の学級生活満足度の指標にのせて，俯瞰してみることを Q-U は迫っているのです。教育実践をする前に，しっかりアセスメントして，その結果に基づいて対応や実践を工夫するという「当たり前」のことを，確実に，地道にやっていこうということです。これは，私自身への戒めでもあります。

参考文献

・石隈利紀　1999 『学校心理学』 誠信書房

・田上不二夫監修　河村茂雄著　1998 「たのしい学校生活を送るためのアンケートQ-U」 図書文化

・河村茂雄　1998 「Q-U実施・解釈ハンドブック」 図書文化

・河村茂雄著　2007 「よりよい学校生活を送るためのアンケートQ-U」 図書文化

・河村茂雄・藤村一夫・粕谷貴志編著　2004 『授業スキル』（小学校編，中学校編） 図書文化

・河村茂雄編著　2005 『学級担任の特別支援教育』 図書文化

・河村茂雄・高畠昌之　2007 『特別支援教育を進める学校システム』 図書文化

・河村茂雄・品田笑子・藤村一夫・小野寺正己編著　2007-2008 『学級ソーシャルスキル』（小学校低学年編・中学年編・高学年編，中学校編） 図書文化

・河村茂雄・粕谷貴志編著　2007，2010 『公立学校の挑戦』（小学校編，中学校編） 図書文化

・河村茂雄・藤村一夫・浅川早苗・粕谷貴志・鹿嶋真弓・小野寺正己編著　2008-2009 『Q-U式学級づくり』（小学校低学年編・中学年編・高学年編，中学校編） 図書文化

・河村茂雄　2010 『日本の学級集団と学級経営』 図書文化

・河村茂雄　2010 『授業づくりのゼロ段階』 図書文化

・河村茂雄編著，三重県教育委員会協力　2011 『教育委員会の挑戦』 図書文化

・河村茂雄　2012 『学級集団づくりのゼロ段階』 図書文化

・河村茂雄監修　2012 『集団の発達を促す学級経営』（小学校低学年編・中学年編・高学年編，中学校編，高等学校編） 図書文化

・河村茂雄　2014 『学級リーダー育成のゼロ段階』 図書文化

■データ分析

早稲田大学教育・総合科学学術院　河村茂雄研究室

　河村茂雄（早稲田大学教育・総合科学学術院教授）

　武蔵由佳（盛岡大学文学部准教授）

　川俣理恵（名城大学非常勤講師）

　藤原和政（都留文科大学地域交流研究センター相談員）

■取材執筆（第３章）

川俣理恵（名城大学非常勤講師）

■本書作成にあたり，取材にご協力いただきました。

　狛江市教育委員会

　狛江市立狛江第五小学校

　狛江市立狛江第三中学校

　松田孝先生（前狛江市教育委員会教育部理事兼指導室長）

■派遣講師として狛江市にご協力いただきました。

　鹿嶋真弓先生，苅間澤勇人先生，川俣理恵先生，木村佳穂先生，

　品田笑子先生，鈴木敏城先生，藤原和政先生，武蔵由佳先生

　（以上，五十音順）

所属は 2015 年 1 月現在

■著者紹介

河村茂雄 かわむら・しげお
早稲田大学教育・総合科学学術院教授。筑波大学大学院教育研究科カウンセリング専攻修了。博士（心理学）。公立学校教諭・教育相談員を経験し，岩手大学助教授，都留文科大学大学院教授を経て，現職。日本学級経営心理学会理事長，日本教育カウンセリング学会理事長，日本教育心理学会常任理事，日本カウンセリング学会常任理事，日本教育カウンセラー協会岩手県支部支部長。論理療法，構成的グループエンカウンター，ソーシャルスキルトレーニング，教師のリーダーシップと学級経営について研究を続ける。

こうすれば学校教育の成果は上がる
課題分析で見つける次の一手！

2015 年 2 月 10 日　初版第 1 刷発行 ［検印省略］
2015 年 8 月 1 日　初版第 3 刷発行

著　者　河村茂雄©
発行者　福富　泉
発行所　株式会社　図書文化社
〒 112-0012　東京都文京区大塚１－４－１５
Tel 03-3943-2511　Fax 03-3943-2519
振替　00160 － 7 － 67697
http://www.toshobunka.co.jp/
印刷・製本　株式会社　厚徳社

ISBN　978-4-8100-5652-5　C3037